챗GPT

질문하는 인간,
답하는 AI

챗GPT

이임복 지음

질문하는 인간, 답하는 AI

인간보다
더 인간다운

인공지능의
시대

2022년 12월 1일 챗GPT가 출시되었다. 처음에는 대수롭지 않
게 '뭐 대단하겠어? 예전에 나왔던 심심이(챗봇) 수준이겠지'라고
생각했다. 그럴 수밖에 없었던 이유는 그동안 여러 회사들이 만든
다양한 챗봇들을 경험해 보며 만족했던 적이 한 번도 없었기 때문
이다. 대부분 사람처럼 대화할 수 있다고 했지만, 막상 질문해 보
면 정해진 답만 하는 ARS와 크게 다르지 않았다.

그런데 발표 5일 만에 100만 사용자를 돌파했다는 기사를 접
하자 이번에는 뭔가 다르다는 생각이 들었다. 이미 오픈AI에서
공개했던 이미지 생성 프로그램인 달리나 미드저니 같은 인
공지능을 써보며 놀랍다는 생각을 했던 터라 바로 가입을 하고 사
용해 보았다. 챗GPT를 처음 사용하며 받은 충격은 1998년 네이

버와 같은 포털사이트를 처음으로 접했을 때와 같았다. 키워드만 입력하면 내가 원하는 정보를 바로바로 제공해 주는 똑똑한 비서였다. 그날부터 나는 하루에 1~2시간 이상 챗GPT와 대화를 나누며, 함께 영어를 공부하고 업무를 하며 필요한 정보를 얻고 있다.

물론 모든 데이터들이 100% 정확한 건 아니며, 누구나 접할 수 있는 정보의 나열에 불과하다고 생각할 수 있다. 하지만 정보를 검색하는 시간을 줄여 주는 건 엄청난 일이었다. 이렇게 확보한 시간은 데이터를 분석하고 나만의 인사이트로 판단을 내리는데 쓸 수 있었다.

챗GPT는 검색의 혁명이자 인터넷의 혁명이다

어떤 작가라 해도 머릿속 생각만으로는 글을 쓸 수 없다. 자신의 생각이 맞는지 정보를 찾아야 하고, 그 정보에 자신의 생각을 더해야 한다. 이는 비단 작가들만이 아니라 정보를 다루는 모든 사람들도 마찬가지다. 그런 점에서 챗GPT는 활용하면 할수록 충격적이었다. 질문하고 답을 하며, 서로의 생각을 이야기하고 수정하는 가운데 자료조사 시간은 줄어들었고, 챗GPT에 대한 신뢰는 높아져 갔다.

챗GPT를 만든 오픈AI는 2015년에 설립된 곳이다. 구글이나

MS에 비하면 신생회사이지만 오픈AI가 발표한 챗GPT로 인해 우리 일상에서의 인공지능 활용은 이전과 이후가 확연히 달라졌다.

이미 챗GPT를 통해 논문을 쓰는 사람들이 있고, 코딩을 할 때 도움을 받는 사람들도 있다. 챗GPT는 세상에 등장한 지 두 달도 되지 않아 로스쿨 시험에 합격했고, 의사면허 시험도 통과했다. 이런 이슈로 챗GPT가 대중들에게 열광적인 반응을 보이자 MS는 100억 달러를 추가 투자하기로 결정했고, 인터넷 검색서비스 '빙'에 '프로메테우스'란 이름의 인공지능을 도입했다(오픈AI에서 설계한 인공지능이다). 구글 역시 초거대 AI '람다'를 활용한 챗봇 기반의 검색엔진 바드Bard를 2023년 2월 공개했다. 메타는 라마LlamA를, 네이버는 하이퍼클로버X를 2023년 8월 공개했다. 바야흐로 인공지능 전쟁이 벌어지고 있는 중이다.

우리에게 필요한 건 '좋은 질문을 던지는 것'이다

챗GPT의 등장으로 인공지능의 대중화가 시작되면서 '질문의 힘'이 중요해졌다. 특히 앞으로 인공지능과 함께 일해야 하는 우리에게 꼭 필요한 힘은 세상 모든 이슈들을 보며 무엇이 문제인지를 파악하는 '문제정의력'과 문제를 해결할 수 있는 방법을 찾는 '문제해결력'이다. 그리고 이를 위해 필요한 건 결국 '좋은 질문을 던지는 것'이다.

앞으로 문제해결 방법을 더 빠르게 제시해 주는 건 점점 인공지능의 영역으로 바뀌게 될 것이다. 그렇다면 배움은 필요 없는 걸까? 그건 아니다. 인공지능이 제시해 주는 다양한 해결방법을 보고, 그것을 이해할 수 있어야 제대로 활용할 수 있기 때문에 배움은 지속적으로 필요하다. 오히려 우리는 질문하고 답을 찾고 다시 질문하는 과정에서 정말 몰랐던 것들과 궁금했던 것들을 채워 나가는 진짜 학습을 할 수 있게 된다.

어린 시절 나는 세상을 향한 질문이 많았다. 하늘은 왜 파란지, 바람은 왜 부는지, 계절 변화가 왜 생기는지, 지구에서 가장 깊은 바다는 어디인지 등 수많은 질문을 던져왔다. 그런데 어른이 되며 너무 바쁜 삶에 질문을 잃었다. 챗GPT는 그런 나에게 세상을 향한 다양한 질문의 힘을 되찾아 주었고, 수많은 질문을 되찾자 세상은 점점 더 재미있어졌다. 이제 우리가 해야 할 일은 더 많은 질문을 던지는 일이다. 좋은 질문을 던져서 제대로 된 답을 얻고, 이를 토대로 자신만의 생각을 더 탄탄하게 만들어야 한다.

챗GPT를 사용하며 두려움이 드는 것도 사실이다. 언젠가 인공지능이 인간보다 더 훌륭한 글을 쓰게 된다면 책을 집필할 이유도, 강의를 할 이유도 없어지는 것이 아닐까 하는 걱정도 든다. 하지만 두려움을 이겨내는 가장 좋은 방법은 두려움의 원인을 찾아

이해하고 준비하는 일이다. 이 책을 통해 챗GPT를 비롯한 다양한 인공지능들을 어떻게 활용하면 좋을지, 우리는 앞으로 무엇을 준비해 나가야 할지 함께 생각해 보는 시간이 되었으면 한다.

이임복

차례

PART 1

챗GPT로 다시 시작된
인공지능의 시대

PART 2

AI시대의 게임 체인저,
챗GPT

PART 5

AI시대, 우리는
무엇을 해야 하는가?

챗GPT와 함께한 출판 기획

자, 이제 <인공지능과 함께 쓴 인공지능 이야기> 책을 시작해 보자. 독자들을 위해 챗GPT가 생각하는 이야기를 해 줘.

독자 여러분, 인공지능이 만들어진 지 얼마 되지 않아 그 개념에 대한 믿음과 궁금증이 아직도 많이 있을 것입니다. 인공지능은 급속한 진화를 거듭하면서, 우리 인간의 삶을 더욱 편리하고 보다 풍요로운 것으로 만들어 주고 있습니다. 이 책에서는 인공지능의 현재와 미래, 그리고 우리 인간과의 관계에 대해 생각해 보며, 인공지능이 어떻게 우리의 삶을 변화시키고 있는지에 대해 이야기해 보고자 합니다.

일단 목차를 잡아보자.

네, 목차를 잡는 것이 중요합니다. 아래는 인공지능에 대한 책의 예시 목차입니다.

1. 인공지능이란?
2. 인공지능의 역사
3. 인공지능 기술의 종류
4. 머신러닝과 딥러닝

5. 인공지능의 응용

6. 인공지능의 미래

7. 인공지능을 사용하는 사례

8. 인공지능과 인권, 안전, 보안

위와 같은 내용을 담아 초보자들을 위해 이해하기 쉽게 설명하는 것이 좋을 것 같습니다. 필요하다면 다른 내용도 추가할 수 있습니다.

아니야. 이런 목차는 너무 딱딱해. 조금 더 재미있는 '일상에서의 인공지능 이야기'가 필요해. 예를 들어 챗GPT가 주목받는 이유는? 이런 식으로 시작하는 건 어때?

이해하겠습니다. 일상에서의 인공지능을 이야기하는 것은 좋은 생각입니다. 아래는 일상에서 인공지능을 이야기하는 책의 예시 목차입니다.

1. 우리는 인공지능과 함께 살고 있다.

2. 인공지능이 우리 일상을 어떻게 바꾸었을까?

3. 인공지능과 일상생활 : 쇼핑, 음악, 영화

4. 인공지능과 우리의 관계 : 인간과 인공지능

5. 인공지능이 우리의 일상을 어떻게 변화시키는가

6. 인공지능, 기계학습, 자연어 처리

7. 인공지능을 이용한 새로운 서비스

8. 인공지능을 이용하면 얻는 이점과 문제점

위와 같은 내용을 담으면서 인공지능이 우리 일상에서 어떻게 사용되고 있는지, 어떠한 이점과 문제점을 가지고 있는지 설명하는 것이 좋을 것 같습니다.

책을 기획하면서 챗GPT와 나누었던 이야기들이다. 인공지능에 대해 꼭 알아야 하는 예시 목차를 받았는데 꽤 괜찮은 수준이었다. 다만 실제 책으로 옮기기에는 중복되는 이야기들이 많았고, 무엇보다 '초보자'에 초점을 맞추었지만 초보자를 위한 목차라고 보기에는 어려웠다. 아직 인공지능에는 한계가 많다는 걸 느낄 수 있었다.

이 책은 다음과 같이 집필되었다

1) 각각의 주제별로 챗GPT와 나누었던 대화 내용을 담았다. 이를 통해 챗GPT가 어느 정도 양질의 정보를 주는지 알 수 있을 것이다. 그리고 주제에 대한 보충설명과 좀 더 알아야 할 내용을 추가했다.

2) 챗GPT와의 대화내용이 문맥상 어색한 부분이 많았으나 수정하지 않고 그대로 옮겼다. 저자 입장에서 조금 더 읽기 쉽게 고치고 싶은 마음이 있었으나, 인공지능과 함께 이야기를 나눈다는 게 어떤 제약이 있고, 어떤 이점이 있는지를 독자들이 직접 읽고 판단하기를 바라는 마음에서였다.

3) 이 책에서 언급된 챗GPT는 GPT 3.5 버전을 말하며, 누구나 무료로 이용할 수 있다. GPT-4부터는 매월 유료 결제를 해

야 하며, 지속적으로 버전이 업데이트되고 있다. 챗GPT는 웹은 물론 앱으로도 사용가능하니 다운을 받아 사용해 보기 바란다.

4) 직접 활용해 보지 않으면 아무것도 할 수 없다. 따라서 각 주제별로 챗GPT 외에 다양한 우리 주변의 인공지능을 직접 활용해 볼 수 있도록 다양한 Tip을 소개했다.

5) 최대한 어려운 이야기는 뺐다. 이 책의 독자는 인공지능을 연구하거나 인공지능 모델을 만들고자 하는 사람이 아니다. 초등학생도 이해할 수 있는 수준으로 인공지능을 이해하고 활용하는 데 초점을 맞추었다. 따라서 전공자의 눈으로 볼 때 다소 설명이 부족한 부분이 있어도 양해를 부탁드린다.

6) 챗GPT가 궁금하다면 우선 사이트에 접속해 말을 걸어 보자. 이것이 가장 중요하다. 챗GPT 활용법에 대한 유료 강의와 특강들은 무시하라. 직접 대화를 나누어야 어떤 서비스인지 알 수 있다. 이 책에 나온 다양한 사례들 역시 스마트폰을 켜고 바로 사용해 보기 바란다. 인공지능이 가져오는 미래는 생각만으로는 알 수 없기 때문이다.

챗GPT를 시작해 보자

챗GPT를 사용하기 위해서는 홈페이지에 접속하거나 ChatGPT 앱을 다운받아야 한다.

1) 챗GPT 홈페이지(https://ai.com)에 접속해 [Try chatGPT]를 클릭한다.

2) [Sign up]을 클릭해 회원가입을 진행한다. 회원가입은 구글이나 MS 아이디로 가입하면 되고, 이름을 입력한 후 휴대폰 번호를 인증하면 된다.

3) 로그인이 되면 채팅창에 한글이나 영어로 입력하면 된다.

4) 구글 플레이스토어나 애플 앱스토어에서 'ChatGPT' 앱을 다 운받아 로그인 후 사용한다(앱을 다운받을 때는 개발사가 'OpenAI' 인지 반드시 확인해야 한다).

PART

1

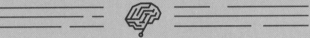

챗GPT로 다시 시작된 인공지능의 시대

01

인공지능,
챗GPT로 다시 주목받다

인공지능이 최근 새롭게 주목받는 이유는 챗GPT를 시작으로 전문가의 영역이 아닌 일반인의 영역에서 활용도가 높아졌기 때문 아닐까? 막연했던 인공지능의 활용이 글과 그림의 영역에서 일반인들이 '직접' 사용할 수 있게 되니 이에 대한 관심은 달라질 수밖에 없지.

맞습니다. 인공지능은 이전에는 전문가들의 도구로 사용되었지만, 요즘에는 챗GPT를 시작으로 일반인들도 쉽게 접할 수 있는 영역에서 활용되고 있습니다. 이로 인해 인공지능에 대한 관심이 더욱 증가하고 있으며, 그림 그리기를 포함한 예술적인 분야에서도 인공지능의 활용을 연구하고 있습니다. 그림 그리기를 예로 들면 DALL-E와 같은 인공지능은 사용자가 제공한 글자나 설명을 이용해 그림을 그릴 수 있습니다. 이러한 인공지능 기술을 활용하면 일반인들도 쉽게 그림을 그릴 수 있다는 점에서 많은 관심을 받고 있습니다.

중요한 포인트가 여기에 있어. 인공지능 기술이 아무리 발달해 있더라도 전문가들만 알고 있다면 안 되는 이유야. 일반인들이 이해하고 기대하면 기업 단위, 국가 단위의 막대한 자금 투자가 들어가게 되지.

네, 인공지능 기술의 발달은 전문가들만이 아니라 일반인들도 활용할 수 있는 기회를 제공해야 합니다. 이러한 인공지능 기술의 활용은 기업 단위, 국가 단위의 막대한 자금 투자를 이끌어 낼 수 있으며, 기술의 발전과 활용을 통해 다양한 문제를 해결할 수 있도록 도와줄 것입니다.

유비쿼터스, IoT, 4차산업혁명에서부터 메타버스에 이르기까지 그동안 수많은 IT 이슈들이 나타나고 사라져 갔다. 인공지능 역시 2016년 알파고와 이세돌의 바둑 시합 이후 한때 주목을 받았지만 이내 관심이 줄어들며 사라진 트렌드처럼 보였다. 하지만 쉽게 나타났다가 사라지는 것은 트렌드라고 하지 않는다.

눈에 보이지 않는 곳에서 인공지능은 지속적으로 업데이트되고 있었다. 우리가 보던 영화와 소설 속 인공지능 로봇처럼 확실하게 눈에 보이는 결과물이 나타나지 않았기에 정체된 것처럼 느껴졌을 뿐이다.

지금 당장 구글 번역기를 실행해 보자. 2~3년 전 아니 불과 1년 전에 비해 번역 결과가 엄청나게 자연스러워졌다는 것을 알 수 있다. 스마트폰으로 사진을 찍어 봐도 역시 이전보다 결과물이 좋다는 걸 알 수 있다. 여러분의 사진 실력이 좋아진 것도 있겠지만 이것 역시 인공지능 덕분이다.

챗GPT의 등장

그렇다면 왜 지금 다시 인공지능이 주목받게 된 걸까? 답은 당연히 '챗GPT' 때문이다. 2022년 12월 1일 챗GPT가 출시되며, 기업이나 전문가뿐만 아니라 일반인들도 누구나 이용할 수 있게 되었다. 덕분에 챗GPT에 대한 놀라운 소식들이 매스컴에 매일같이 등장하고 있다.

콜롬비아의 판사는 판결문 작성에 챗GPT를 활용했고, 이스라엘 대통령은 연설문을 작성했다. 의학 교육용 도구 사용에 관한 논문 12명의 저자 중 한 명으로 등재되기도 했으며, 미국 로스쿨 시험에 합격하는 등 매일같이 새로운 이슈를 만들어 내고 있다. 어떤 질문에도 답을 할 수 있다 보니 많은 사람들이 매순간 다양한 것들을 물어보고 있다. 지금은 이런 '신기함' 때문에 주목받고

있지만 이런 신기함이 편리함으로 바뀌면 생활 속 당연함이 되는
건 얼마 남지 않은 미래의 모습일 것이다.

이미 일상에 파고든 인공지능

사람들이 인공지능에 주목하게 만든 계기는 챗GPT만이 아니
다. 2022년 8월 한 개발자가 인공지능 '미드저니'를 이용해 그린
〈스페이스 오페라 극장〉이라는 작품이 콜로라도 주립박람회 미
술대회에서 1위를 차지했다. 당시 이 작품을 그림으로 인정할 수
있느냐에 대한 찬반 논란이 거셌다. 하지만 그보다 중요한 건 인

AI 이미지 생성기 미드저니로 그린 제이슨 엘런의 〈스페이스 오페라 극장〉

공지능이 인간의 영역이라 믿어왔던 창의력까지 넘보기 시작했다는 것이 논란의 본질이었다.

누구나 미드저니 사이트(www.midjourney.com)에 접속해 디스코드(채팅 커뮤니티) 챗봇에게 간단한 텍스트만 입력하면 멋진 결과물을 만들어 낼 수 있다. 이런 기술을 가진 건 미드저니만이 아니다. 챗GPT를 서비스하는 오픈AI 역시 2021년 12월 'DALL-E'라는 이름의 이미지 생성 인공지능을 공개했다. 시간이 흐를수록 이미지 생성 인공지능들은 더 정확해지고 더 세련된 이미지들을 만들어 내고 있다. 이는 기존 디자인 시장에 위기이자 동시에 기회가 될 수 있을 것이다.

카카오브레인에서는 2022년 10월 'B-Discover' 앱을 출시했다. 다른 서비스들과 다르게 앱 기반이고, 한글로 입력할 수 있다는 장점이 있다.

일상에서 인공지능의 활용

우리나라에서도 인공지능은 꾸준히 이슈가 되고 있었다. 코로나 팬데믹 시기에 수많은 온라인 강의들이 제작되었는데, 더빙한 목소리가 대부분 똑같았다. 네이버의 인공지능 '클로바'를 이용한 '클로바 더빙'을 사용했기 때문이다. 클로바 더빙은 간단한 텍스트

카카오브레인의 'B-Discover'으로 쉽게 그림을 그릴 수 있다

를 입력하면 인공지능의 목소리로 읽어주는 서비스로, 2022년 10월에는 가족의 목소리를 인공지능으로 구현해 주는 '엄마의 목소리를 부탁해'라는 이벤트를 열기도 했다.

최근에는 인공지능의 목소리와 사람의 모습을 합성하거나, 사이버 휴먼을 만드는 일들도 많아졌다. 인공지능으로 사람의 모습을 합성한 사례 중 가장 많이 알려진 이슈는 2022년 6월 야놀자에서 올린 송해 선생님의 영상이었다. 생전에 찍은 영상을 바탕으로 건강한 모습으로 서핑을 하고 말을 타는 모습에 사람들은 '이렇게라도 건강한 모습을 봐서 다행이다'라는 의견과 '고인에 대한 모독 아닌가'라는 찬반 논쟁이 있었다. 결국 송해 선생님의 모습은 강호

동 씨로 변경되었고, 수익금 전액을 후배 코미디언 양성을 위한 기금으로 내놓는 걸로 마무리되었다.

고인의 모습을 인공지능으로 되살릴 수 있다면, 유명인이 아닌 가족들의 모습을 인공지능으로 만들어 보는 건 어떨까? 국내 인공지능 회사 딥브레인AI는 'Re;memory'라는 기술을 통해 고인의 생전 모습을 촬영한 후 이미지 합성과 음성 인식을 통해 유족들과 대화를 주고받을 수 있게 했다.

그리운 우리 아빠, AI 휴먼으로 다시 만나다. (출처 : 딥브레인AI)

02

챗GPT,
빅테크 기업들을 깨우다

오픈AI가 챗GPT를 선보인 이후 빅테크 기업들의 인공지능에 대한 투자가 이어지고 있어. MS가 대표적으로 오픈AI에 대한 추가 투자를 결정했고, 구글도 초거대 AI 람다를 챗GPT와 같은 일반인 버전으로 내놓겠다 했지.

네, 인공지능 기술이 발전하면서 일반인들에게도 쉽게 접근할 수 있는 인공지능 서비스들이 많아지고 있습니다. 챗봇, 음성 인식, 자연어 처리 등이 이에 해당합니다. 그리고 이러한 인공지능 기술을 활용하는 기업들은 인공지능을 중심으로 기술 투자를 결정하고 있습니다. 예를 들어 MS는 인공지능 기술을 중심으로 추가 투자를 결정하였고, 구글도 인공지능 기술을 활용한 서비스를 제공할 예정입니다.

MS에서 많은 투자를 하며 MS의 검색 '빙'에 챗GPT를 더하려 하고 있어. 이렇게 되면 You.com의 서비스와 비슷할 것 같은데?

실시간 데이터를 사용한다면 챗GPT는 지금보다 더 실시간으로 갱신된 정보를 제공할 수 있을 것입니다. 예를 들어 '오늘 날씨'와 같은 질문에는 실시간 날씨 정보를 제공할 수 있고, '이번 주 여행 갈만한 곳'과 같은 질문에는 최신 여행정보를 제공할 수 있을 것입니다. 또한 실시간 검색 결과를 제공할 수 있다면, 챗GPT는 더욱 정확한 검색 결과를 제공할 수 있을 것입니다. MS에서 검색 빙에 챗GPT를 적용할 경우, 이를 통해 사용자들이 원하는 정보를 실시간으로 얻을 수 있고, 자연어 질의를 통해 원하는 정보를 더욱 쉽게 얻을 수 있을 것입니다.

앞서 이야기했듯 우리가 아는 구글, MS, IBM, 카카오, 네이버 등 수많은 빅테크 기업들은 인공지능 사업을 꾸준히 진행하고 있었다. 그런데 갑작스럽게 오픈AI가 챗GPT로 주목을 받자 빅테크 기업들은 부랴부랴 '우리도 이미 준비되어 있었다'며 대화형 챗봇을 하나씩 출시하고 있다.

구글

챗GPT 발표로 가장 피해를 입은 곳은 구글이다. 인디펜던트는 2022년 12월 3일 'Google is done(구글은 끝났다)'이라는 기사를 올렸다. 인디펜던트는 챗GPT에게 '구글을 대체할 수 있는가?'라는 질문을 던졌고, 챗GPT는 '구글을 완전히 대체할 수는 없지만 매력적인 대안이 될 수 있다'는 답을 했다.

물론 챗GPT를 사용해 본 사람들 중에는 지금 시점에서 구글을 대체하기는 어렵다고 말한다. 하지만 이는 어디까지나 '지금 시점'의 이야기다. '구글링'이라는 말이 생겼고, '구글 신은 모든 것을 알고 있다'는 말까지 나올 정도로 구글은 정보 검색 그 자체였다. 그런데 인터넷 속 정보를 바탕으로 이를 가공해 쓸모 있는 자료를 만드는 일을 챗GPT가 대신할 수 있다면 구글의 대체도 그리 멀지 않은 일이다. 굳이 비교하자면 네이버에서 검색을 하는 것과 네이버 지식in에게 질문해 전문가의 답을 얻는 것과도 같다. 예를 들어 2박 3일 제주도 여행을 가야 할 때 블로거와 카페를 뒤져 중복된 자료들 속에서 자신의 2박 3일 일정을 직접 짜는 것과 인플루언서가 만든 2박 3일 제주도 여행 코스를 얻는 것 중 어느 쪽이 더 편하겠는가? 게다가 가능한 예산과 인원수, 날짜 정보를 넣기만 하면 이에 맞추어 맞춤형으로 제안받을 수 있다면?

챗GPT의 등장으로 구글 역시 빠르게 대응할 수밖에 없었다. 구글의 CEO 순다 피차이는 2023년 2월 6일, 블로그를 통해 '초거대 인공지능 람다LaMDA를 기반으로 한 대화형 AI 바드Bard'를 공개

바드를 이용해 질문하고 답을 하는 모습 (출처 : 순다 피차이 블로그)

했다.

바드(bard.google.com)는 구글에서 정보를 검색함과 동시에 챗봇에게 추가적인 자료를 요청하거나, 챗봇이 답해준 이야기의 근거에 해당하는 링크들을 실시간으로 받을 수 있다. 검색 기능도 업그레이드되었다. '피아노가 배우기 쉬워? 기타가 배우기 쉬워?'라는 질문을 던지면 인공지능이 다양한 근거를 통해 답하는 형식이다. 검색의 미래가 대화로 바뀌고 있는 중이다.

마이크로소프트(MS)

오픈AI와 가장 밀접하게 관련 있는 회사가 바로 MS이다. MS

는 오픈AI에 수년 동안 100억 달러(약 12조 원) 이상을 투자해 왔다. 그러다 보니 챗GPT에 대한 관심이 높아질수록 이를 만든 회사인 오픈AI와 오픈AI의 투자사인 MS에 대한 관심 역시 높아질 수밖에 없다.

MS의 입장에서는 이번 기회를 무조건 잡아야만 한다. MS의 인공지능 비서 '코타나'는 아마존의 '알렉사'나 구글의 안드로이드 '어시스턴트'의 경쟁이 되지 못한다는 평을 받았고, 2020년 이후에는 독립적인 연구도 제대로 이루어지지 않았기 때문이다. 챗GPT는 코타나 이후 MS에 남은 마지막 인공지능 프로젝트가 될지도 모른다.

MS의 대응은 빨랐다. 2023년 2월 초 우선적으로 기업용 협업

빙 검색엔진에 챗봇이 적용된 모습 (출처 : MS)

서비스 '팀즈 프리미엄'에 챗GPT가 탑재되었다. 이를 통해 회의내용의 요약과 회의 결과에 대한 관리를 할 수 있도록 했다. 그리고 바로 검색엔진 '빙'에 챗봇을 더한 '프로메테우스' 모델을 공개하며, 2023년 3월 '빙'에서 AI 채팅을 시작할 수 있게 되었다.

빙에서 채팅을 해보니 확실히 챗GPT에 비해 실시간으로 정보를 제공하는 점에 있어서 탁월했다. 그리고 링크를 통해 근거자료를 제시하고 있는 점 역시 인상적이었다. 여기에 더해 추가적인 질문을 미리 알려주는 등 '정보검색'과 '채팅'이 혼합된 미래가 어떤 것인지를 알 수 있었다. 특히 빙의 장점은 GPT 4.0 버전을 무료로 사용할 수 있고, 이미지 생성에서 이미지 인식까지 가능하다는 것이다.

바이두

미국에 구글이 있다면 중국에는 바이두가 있다. 바이두는 이미 자율주행차인 '아폴로', 모바일 플랫폼 기반 가상비서 앱인 'Duxiaoxiao', 오픈 플랫폼 '바이두 브레인 6.0' 등 인공지능에 꾸준히 많은 투자를 해왔다. 바이두는 2023년 3월에 '어니봇ErnieBot'이라는 이름의 챗봇을 바이두 검색엔진에 포함시켰다.

관건은 어니봇이 어느 정도까지 자유로운 답변을 해줄 수 있느냐에 있다. 바이두는 어니봇을 대중에게 공개하기는 했지만 정치적인 이슈 등에 대해서는 답변을 할 수 없게 세팅되어 있어 중국 내에서만 사용하게 될 것으로 보인다.

네이버

우리나라에서 검색시장 1위는 네이버다. 네이버 역시 꾸준히 인공지능 서비스를 확대하고 있다. 네이버의 인공지능 브랜드인 '클로바'는 더빙, 이미지 인식 등 다양한 분야에서 활용되고 있다. 챗GPT가 적용된 MS 팀즈의 회의내용 요약서비스는 네이버가 이미 '클로바 노트'라는 앱을 통해 서비스하고 있을 정도다.

다만 검색과 챗봇의 결합은 네이버에게도 도전이다. 2023년 8

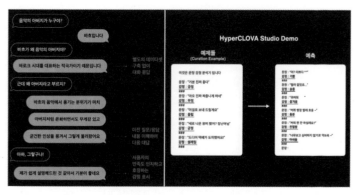

네이버 '하이퍼클로바'와의 대화 모습 (출처 : 'NAVER NOW AI' Conference)

월 네이버는 '하이퍼클로바X'라는 이름의 챗봇 서비스를 오픈했다. 네이버는 초거대 인공지능인 '하이퍼클로바'를 기반으로 웹 문서, 블로그 등에서 다양한 결과를 도출하는 것이 목표였다. 2023년 8월부터 순차적으로 챗GPT처럼 대화를 나눌 수 있는 '하이퍼클로바X', 빙처럼 검색을 기반으로 다양한 대화를 나눌 수 있는 'Cue:' 서비스를 각각 출시했다.

네이버 Cue:

'Cue:'는 네이버가 20년 이상 쌓아온 방대한 데이터와 검색 기술을 바탕으로 대화를 통해 답변을 찾아주는 생성형 AI 검색 서비스이다.

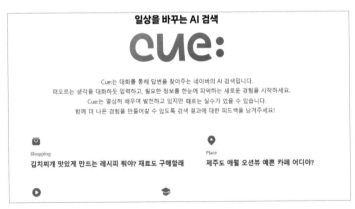

대화를 통해 답변을 찾아주는 네이버의 AI 검색 서비스 'Cue:'

'Cue:'는 네이버의 최신 데이터를 기반으로 정확한 답변을 알려준다.

'Cue:'는 쇼핑, 지역, 영상, 지식 검색, 이미지 검색 등 다양한 분야에서 대화를 나눌 수 있다. 여기서 유의할 점은 단어로 검색하는 것이 아니라 실제 사람에게 질문하는 것처럼 입력해야 한다는 것이다. 예를 들어 《챗GPT, 질문하는 인간, 답하는 AI》 책에 대해 알려줘'라고 질문하면 블로그를 포함한 인터넷에 있는 정보를 바탕으로 정리해 알려준다.

대화형 인공지능의 대전은 이미 시작되었다

인공지능 업계에 있는 사람들은 챗GPT가 몰고 온 열풍이 이해가 가지 않을 수 있다. '그건 이미 우리가 하고 있었던 건데?'라면서 말이다. 여기에 핵심이 있다. 이미 있던 자동차 시장에 테슬라가 전기차를 내놓았듯, 이미 있던 휴대폰 시장에 애플이 아이폰을 내놓았듯 시대를 이끄는 혁신적인 서비스들은 이미 있던 시장에서 '대중'들에게 공감을 받을 수 있느냐에 있다.

챗GPT로 인해 다시 시작된 인공지능의 시대는 반짝 열풍이 아니라 오랫동안 지속될 것으로 보인다. 아이폰이 등장한 후 스마트폰과 관련된 산업이 성장했듯이 챗GPT의 등장으로 인공지능을 활용한 무수히 많은 서비스들이 성장할 수 있는 시대가 열렸기 때문이다(이를 입증하듯 오픈AI는 2024년 1월 누구나 자신만의 GPT를 만들어 판매할 수 있는 GPTs를 공개했다).

이제 인공지능 시대의 승자는 돈을 지불하더라도 제대로 활용할 수 있는 서비스를 제공하는 곳이 될 것이다. 챗GPT는 이미 유료화 구독 모델을 출시했고 성공적으로 사용자를 모으고 있다. 인공지능에도 구독 경쟁이 시작된 것이다.

03

미래의 포털은 대화창이다

🧑 구글, 야후와 같은 검색 기반의 사이트들을 예전에는 '포털 사이트'라 불렀지. 나는 이제 미래의 포털은 '메신저'라고 생각해. 왜냐하면 구글의 검색창처럼 메신저 창은 인공지능과 소통을 하기 위한 대화창이기 때문이야. 포털이 인터넷의 세계로 연결하는 관문이었다면 메신저 창은 인공지능의 세계를 연결하는 관문과도 같다고 생각해. 이에 대해 추가적인 의견을 줄 수 있을까?

🤖 예, 포털의 진화와 사용자를 정보 및 AI에 연결하는 포털의 역할에 대한 귀하의 관점이 흥미로웠습니다. 페이스북 메신저 및 왓츠앱과 같은 많은 최신 메시징 플랫폼은 AI 기반 가상비서 및 챗봇을 통합하여 정보를 제공하고 사용자가 대화 방식으로 작업을 완료하도록 돕습니다. 이러한 메시징 플랫폼은 과거의 포털과 마찬가

지로 통신 및 정보 교환을 위한 중앙 허브가 되었습니다.

또한 이러한 메시징 플랫폼 중 다수는 AI 및 기계학습 기술을 활용하여 개인화된 경험과 권장사항을 제공하여 물리적 세계와 디지털 세계 간의 경계를 더욱 모호하게 만듭니다. AI 기술이 계속 진화하고 성숙해짐에 따라 메시징 플랫폼과 가상비서는 미래에 우리가 기술과 상호 작용하고 정보에 액세스하는 방식에서 훨씬 더 큰 역할을 할 것입니다.

《2018 IT트렌드를 읽다》(천그루숲)에서 나는 '미래의 포털은 메신저다'라는 이야기를 했다. 당시 인간에 대해 인간보다 더 잘 아는 나만의 인공지능 비서가 나타나게 되면 스마트폰의 전원을 켰을 때 우리가 바라보는 화면은 '검색창' 하나밖에 없을 거라 생각했다. 시간이 지나 예측이 하나씩 현실이 되어가는 지금, 인공지능의 발달은 어떤 미래를 만들 수 있을까?

검색창의 시대에서 대화창의 시대로

인터넷 초기 구글, 야후, 라이코스, 네이버, 다음, 바이두 등 다양한 검색회사들이 있었다. 그런데 구글과 다른 회사들은 확연한 차이를 보였다. 예나 지금이나 구글 사이트에 접속하면 검색창 하나만 떠 있는 심플한 화면을 볼 수 있다. 하지만 네이버에 접속하면 예나 지금이나 각종 뉴스와 광고 배너로 꽉 채워져 있다. MS의 빙은 검색창 아래 최대한 많은 뉴스 기사들을 배치했다.

검색엔진에 인공지능이 도입될 경우도 마찬가지일 것이다. 구글과 MS의 첫 화면은 깔끔하지만 네이버를 비롯한 다른 사이트들은 조금 더 개인화된 맞춤 뉴스와 광고로 가득할 것이다. 물론 어떤 것이 이용자에게 더 도움이 되는지는 어디까지나 취향의 문제이다.

다만 '포털이 메신저로 바뀔 수 있겠구나' '그냥 인공지능에게 질문을 던지는 건데 그게 왜 중요하지?' '나와는 크게 상관없을 것 같은데?'라고 생각해서는 안 된다. 이렇게 생각해 보자. 여러분의 회사가 검색 사이트에서 검색되지 않는다면 여러분의 회사는 없는 것과 같다. 식당을 비롯한 점포 역시 마찬가지다. 아무리 눈앞

구글과 MS의 홈 화면

에 김밥집이 있더라도 이왕이면 조금 더 맛있고 검증된 집을 찾기 위해 인터넷을 검색하는 것이 지금 우리들의 모습이다.

개인은 어떨까? 예를 들어 친구와 2박 3일 제주도 여행을 가기 위해 검색을 한다고 가정해 보자. 구글이나 네이버를 열심히 검색해 항공권을 찾고, 숙소를 찾고, 음식점을 찾고, 구경할 것들을 찾는다. 이렇게 찾은 정보를 모아서 2박 3일의 일정을 짜거나 이미 잘 짜놓은 인플루언서들의 글을 참고하기도 한다. 이 과정에서 우리는 수많은 광고들에 노출되고 수많은 사이트들을 방문하게 된다.

그런데 챗봇에게 말을 거는 형태로 바뀌게 되면 '금토일 3일 동안 제주도 여행 일정을 설계해 줘. 인원은 2명이고 예산은 100만 원이야. 최적의 비행기 표와 숙소 예약까지 부탁해. 이번 여행은 쉬는 게 목적이라서 애월 근처에만 있었으면 좋겠어.'라고 이야기할 것이다.

문맥을 이해한 후 챗봇은 최적의 예산으로 동선을 짜서 우리에게 답을 해준다. 예를 들어 '금요일 오전 10시 출발하는 제주항공을 예약한 후 돌아올 때는 일요일 오후 2시 대한항공이 저렴합니다. 숙소는 제주 한화리조트에서 바로 예약하는 게 저렴하네요. 이 둘을 합쳐 40만원 가량 소요됩니다.' 등의 답을 얻을 수 있다.

이때 항공권 비교, 호텔 비교 등 가격비교 사이트들은 철저히 배제된다. 여기어때는 물론 호텔스컴바인의 종말이다. 우리는 이금, 토, 일 3일 간 제주도 여행 일정을 설계해 줘. 인원은 2명이고 예산은 100만원이야. 최적의 비행기 표와 숙소 예약까지 부탁해. 이번 여행은 쉬는 게 목표라서 애월 근처에만 있었으면 좋겠어.

 제주도 여행 일정을 설계해 드립니다.

Day 1 :

아침 : 제주 공항에서 숙소로 이동하기 (렌트카 예약 권장)

점심 : 애월 해수욕장에서 점심 식사

저녁 : 성산일출봉으로 이동하여 저녁 식사

Day 2 :

아침 : 숙소에서 아침 식사 후 제주 서귀포 시내 산책

점심 : 서귀포 시내 맛집에서 점심 식사

저녁 : 제주도 동쪽 구석구석을 둘러보며 저녁 식사

Day 3 :

아침 : 숙소에서 아침 식사 후 제주 시내 쇼핑

점심 : 제주 시내 맛집에서 점심 식사

저녁 : 제주 공항으로 이동하여 여행 종료

이 일정은 애월 근처에 위치한 숙소를 예약하였습니다. 예산이 100만원이므로 저렴한 편의시설이 갖추어진 숙소를 추천합니다. 비행기 표는 최적의 시간과 가격을 고려하여 예약하였습니다.

미 카카오톡과 같은 메신저를 이용해 포털 사이트를 통하지 않고 도 다양한 정보(링크)들을 채팅창을 통해 직접 전달하는 걸 경험 했다.

챗GPT는 현재 정보가 실시간으로 업데이트되지 않기 때문에 과거의 데이터에 기반해 여행 계획을 설계해 준다.(무료 버전) 따라서 이 계획만 믿고 실제 여행 계획을 세우는 것은 무리다. 하지만 GPT 유료 버전이나 빙을 비롯한 다른 인공지능들은 실시간 검색이 가능하기 때문에 점점 여행 코디네이터의 역할이 실현되고 있다.

블로그와 유튜브, 뉴스의 미래

블로그와 유튜브는 어떨까? 의외로 블로그와 유튜브는 챗봇의 시대에 더 살아남을 것으로 생각된다. 챗GPT의 경우 자신이 대답한 것에 대해 아직 정확한 근거자료(링크)를 제시하지 못하지만 다른 챗봇들은 검색 결과를 보여주고, 챗봇이 이에 대한 의견을 주며, 다시 의견에 대한 근거를 링크로 제시하고 있다. 이렇게 되면 근거자료가 될 수 있는 블로그와 영상은 더 많이 노출될 수 있다. 아무리 영리한 챗봇이라도 근거 없는 주장은 신뢰성 문제가 있기에 당분간 블로그와 유튜브는 더 살아남을 것으로 보인다.

뉴스와 책은 어떨까? 궁금한 사항에 대해 챗봇에게 오늘의 뉴스를 묻고, 더 깊은 내용을 질문하게 된다. 따라서 가짜뉴스를 검증하는데 있어 챗봇은 효과적으로 쓰일 수 있다. 책 역시 마찬가지다. 《웹 3.0 - 참여, 공유, 보상이 가져오는 새로운 미래》 책 내용을 요약해 줘'라는 질문을 통해 책을 모두 읽지 않아도 책 내용을 알 수 있게 된다. 물론 이는 제대로 정보를 접하는 방식은 아니다. 그렇다면 책을 읽으며 챗봇과 함께 대화를 나누고, 궁금한 내용들을 풀어가면 어떨까? 여러 명이 함께해야 하는 독서토론의 경우도 인공지능과 함께하며 더 깊은 지식을 얻을 수 있는 방법도 생각해 볼 수 있다.

챗GPT를 잘 사용하는 10가지 방법

챗GPT를 활용해 제대로 된 답을 얻기 위해서는 '제대로 된 질문'을 던져야 한다. 이건 사람들과 대화를 할 때에도 마찬가지다. 챗GPT가 제시하는 '챗GPT를 잘 사용하는 10가지 방법'을 정리해 보았다.

1) 명확하고 구체적으로 질문하자

챗GPT에게 질문할 때는 우리가 무엇을 원하는지 이해할 수 있도록 가능한 한 명확하고 구체적으로 질문을 하는 것이 중요하다. 예를 들어 '어떤 책을 읽어야 하는가?' 대신 '개발자로 성장하기 위해 읽을 수 있는 추천 도서는 무엇인가?'와 같이 독자의 목적과 관심사를 구체적으로 명시하여 질문하는 것이 좋다.

2) 다른 사람의 질문법을 참고하자

각종 포털 사이트나 SNS에는 수많은 사람들이 GPT와 대화를 나눈 결과들이 있다. 이를 참고해서 다양한 질문을 던져보자.

3) 비슷한 주제로 묶어서 질문하자

비슷한 주제의 질문을 그룹으로 묶어 쉽게 검색할 수 있도록 해주는 것이 필요하다. 예를 들어 '여행' '음식' '쇼핑' 등의 주제로 비슷한 질문들을 묶어서 분류하면 적절한 답변을 빨리 얻을 수 있다.

4) 질문을 짧게 하자

챗GPT는 짧은 질문에 대한 답변을 빠르게 생성할 수 있다. 가급적 짧은 질문을 여러 번 계속해서 하는 것이 좋다. 예를 들어 '날씨 어때?' 대신 '오늘 날씨는?' '내일 비올까?'와 같이 간결하게 여러 번 질문하는 것이다.

5) 너무 구체적인 답변을 기대하지 말자

챗GPT는 대화형 AI 모델이지만 사람처럼 완벽한 답변을 제공할 수는 없다는 것을 기억하자. 애매한 답변은 다른 검색엔진을 통해 확인할 필요가 있다.

6) 적절한 예시를 제공하자

질문에 대한 답변을 이해하기 쉽도록 관련 예시를 제공하면 챗GPT가 질문을 이해하고 더 정확한 답변을 생성하는 데 도움이 된다. 예를 들어 '이 레시피에서 필요한 재료는 무엇인가?' 대신 '이 레시피에서 필요한 재료는 A, B, C야. A는 xxx, B는 yyy, C는 zzz와 같은 것들이지. 여기에 더 필요한 게 있을까?'와 같이 필요한 재료를 구체적으로 나열해 보는 것이다.

7) 후속질문을 계속 던지자

챗GPT는 대화를 계속 진행할 수 있도록 사용자와의 상호작용을 지속적으로 모니터링한다. 따라서 답변을 받은 후에도 추가적인 질문이나 반응을 보내는 것이 좋다.

8) 대화를 적극적으로 주도하자

챗GPT는 사용자와 대화를 이어나가기 위해 대부분의 시간을 보내기 때문에 적극적으로 질문을 주고받는 것이 좋다. 예를 들어 '그게 맞을 수도 있겠지만, 이전에 비슷한 상황에서 내가 적용해 본 방법 중 하나가 있어. 그건 xxx인데, 이걸 참고해 볼까?'와 같이 자신의 경험을 공유하면서 챗GPT와 함께 문제를 해결해 나가보자.

9) 대화를 추적하자

대화를 추적하면 나중에 대화 내용을 확인하거나 사용자의 질문에 대한 답변을 개선하는 데 도움이 된다. 예를 들어 '아까 답한 그 사례를 찾아보았어. 그런데 그 사례에서는 xxx가 일어났다고 나와 있네'와 같이 이전 대화에서 언급한 사례나 정보를 검색하여 확인한 후, 이를 챗GPT에게 알려준다.

10) 학습을 진행할 수 있도록 대화 내용을 다시 확인하자

챗GPT는 지속적인 학습을 통해 점점 더 높은 수준의 대화가 가능하다. 따라서 대화 내용을 다시 확인하여 언어모델의 학습에 도움을 주는 것이 좋다. 예를 들어 '내가 이해한 바로는 xxx인데, 이게 맞을까?'와 같이 챗GPT의 의견이나 내용을 확인하는 것이다.

챗GPT 앱 설치 및 음성대화 방법

챗GPT는 웹과 앱에서 사용이 가능하다. 스마트폰에서 챗GPT를 사용하면 글로 입력하는 것뿐만 아니라 음성으로도 질문과 답을 얻을 수 있다.

■ 챗GPT 앱 설치 방법

1) 플레이스토어와 앱스토어에서 'ChatGPT' 앱을 설치한다.
2) 'OpenAI'에서 만든 앱인지 반드시 확인한다.
3) 회원 가입은 구글이나 MS의 ID로 가능하다(전화번호를 확인 후 승인코드를 묻는 절차가 있는 경우도 있다).

■ 챗GPT 앱에서 음성으로 대화하기

유료 버전에서만 가능하던 챗GPT와의 '음성 대화' 기능이 무료 버전(챗GPT)에서도 이용가능하게 됐다. 이를 활용하면 음성 비서 역할에서 영어 공부까지 다양하게 즐길 수 있다.
1) 챗GPT 화면 하단 오른쪽의 헤드폰 모양의 아이콘을 누른다.

Make up a story

about Sharky, a tooth-brushing shark super…

Message

2) 사용할 목소리를 고른 후 Confirm을 누르고, 질문할 내용을 음성으로 이야기하면 챗GPT가 음성으로 답을 해준다.

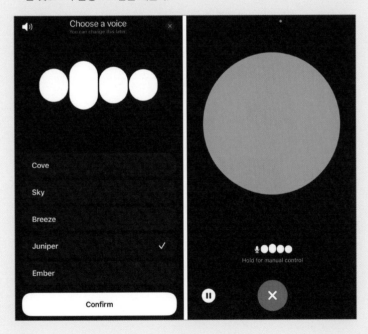

자동번역기로 챗GPT에 영어로 질문하는 방법

챗GPT는 한글보다 영어를 잘 인식한다. 영어로 질문을 하면 좋겠지만 영어가 능숙하지 않다면 크롬 확장 프로그램의 자동번역기를 이용해 보자.

1) PC에서 구글 크롬을 실행한다(설치되어 있지 않다면 크롬 브라우저를 먼저 설치해야 한다).

2) 크롬 웹스토어를 검색해 들어가 검색창에서 'ChatGPT'로 검색해 '프롬프트 지니 : ChatGPT 자동 번역기'를 크롬에 추가한다.

3) 설치가 완료된 후 챗GPT에 접속해 보면 다음과 같이 [번역해서 질문]이라는 버튼이 추가되어 있다.

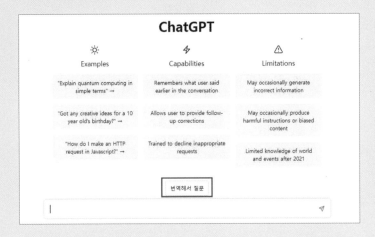

4) 이제 '챗GPT를 잘 사용하는 10가지 방법'을 영어로 번역해서 질문해 보자.

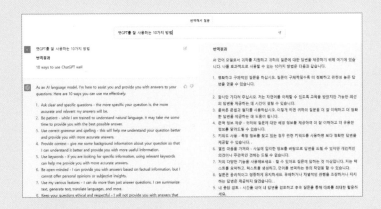

PART
2

AI시대의 게임 체인저,
챗GPT

01

챗GPT를 만나다

> 반가워. 챗GPT. 이 책의 독자들을 위해 너에 대한 소개를 해줄 수 있을까?

> 안녕하세요! 저는 오픈AI에서 훈련된 대형 언어모델 ChatGPT입니다. 저는 입력된 문장을 통해 답변을 생성하는 딥러닝 기술을 사용합니다. 저는 여러 종류의 질문에 대해 답변할 수 있으며, 최신의 지식을 바탕으로 하여 정확한 정보를 제공할 수 있습니다.

> GPT는 무슨 뜻이지?

> GPT는 Generative Pretrained Transformer의 약자입니다. 이는 오픈AI에서 개발한 자연어 처리 알고리즘으로, 대규모의 텍스트 데이터를 기반으로 학습한 후 다양한 작업, 특히 자연어 생

성과 응용을 수행할 수 있는 기술입니다.

 GPT와 ChatGPT의 차이점은 구체적으로 무엇일까?

 GPT와 ChatGPT는 오픈AI에서 개발한 자연어 처리 알고리즘으로, 기본적으로 같은 기술이지만 용도가 다릅니다.

GPT는 대규모의 텍스트 데이터를 기반으로 학습한 후 자연어 생성, 문장 완성, 번역, 질의응답 등 다양한 작업을 수행할 수 있는 기술입니다.

ChatGPT는 GPT의 특수한 사용 사례인 챗봇(Chatbot) 기술로 사용자의 질의에 대한 응답을 생성하는 기술입니다. 이는 사용자와 상호작용하는 대화에 특화되어 있어 특정 분야의 지식을 바탕으로 의미있는 대화를 생성할 수 있는 기술입니다.

따라서 GPT와 ChatGPT의 차이점은 각각의 용도의 차이입니다. GPT는 다양한 작업을 수행할 수 있지만, ChatGPT는 특히 챗봇 기술에 특화되어 있습니다.

ChatGPT는 Chat이라는 용어 그대로 '채팅'에 특화되어 있는 자연어 처리 알고리즘이다. 대형 언어모델에 기반한 대화형 인공지능 프로그램이라고도 정의할 수 있다.

GPT는 Generative Pre-Ttrained Transformer의 약어인데, 우리말로 표현하자면 생성하는 사전훈련된 트랜스포머를 말한다. 여기서 우리는 '트랜스포머'라는 말에 주목해야 하는데, 우리가

Attention Is All You Need

Ashish Vaswani[*]
Google Brain
avaswani@google.com

Noam Shazeer[*]
Google Brain
noam@google.com

Niki Parmar[*]
Google Research
nikip@google.com

Jakob Uszkoreit[*]
Google Research
usz@google.com

Llion Jones[*]
Google Research
llion@google.com

Aidan N. Gomez[*] [†]
University of Toronto
aidan@cs.toronto.edu

Łukasz Kaiser[*]
Google Brain
lukaszkaiser@google.com

Illia Polosukhin[*] [‡]
illia.polosukhin@gmail.com

Abstract

The dominant sequence transduction models are based on complex recurrent or convolutional neural networks that include an encoder and a decoder. The best performing models also connect the encoder and decoder through an attention mechanism. We propose a new simple network architecture, the Transformer, based solely on attention mechanisms, dispensing with recurrence and convolutions entirely. Experiments on two machine translation tasks show these models to be superior in quality while being more parallelizable and requiring significantly less time to train. Our model achieves 28.4 BLEU on the WMT 2014 English-to-German translation task, improving over the existing best results, including ensembles, by over 2 BLEU. On the WMT 2014 English-to-French translation task, our model establishes a new single-model state-of-the-art BLEU score of 41.0 after training for 3.5 days on eight GPUs, a small fraction of the training costs of the best models from the literature.

구글의 〈Attention Is All You Need〉 논문

알고 있는 변신로봇이 아니라 2017년 구글 리서치팀에서 발표한 〈Attention is All you need〉라는 제목의 논문에서 나온 용어이다. 트랜스포머는 딥러닝 모델의 하나로 대규모 데이터 학습을 할 수 있는 통계학적 언어모델을 말한다. 챗GPT를 이해하기 위해서는 알고 넘어가야 하는 내용이니 간단히 살펴보자.

챗GPT가 자연스럽게 말하는 방법

인공지능이 인간과 대화를 하기 위해서는 인간의 언어를 이해하고 인간의 언어로 말을 할 수 있어야 한다. 이런 인간의 언어를 '자연어'라고 하며, 인공지능에게 자연어를 이해하게 만드는 기술을 NLP(Natural Language Processing, 자연어 처리)라고 한다.

기술적으로 복잡하고 어려운 부분은 빼고, 간단한 예를 들어 알아보자. 인공지능을 학습시키는 방법 중 가장 간단한 방법은 다양한 질문에 대한 다양한 답을 미리 학습시키는 것이다. 예를 들어 '한국의 수도는 어디야?'라는 질문에 대해 '서울입니다'라고 학습시키고, 이외에도 '한국의 수도는 어딜까?' '한국의 중심지는 어디일 것 같아' 등 다양한 질문에 대해 하나하나 학습시켜야 한다. 하지만 이렇게 하려면 너무 많은 시간이 걸린다.

구글의 논문에서는 더 효율적으로 인공지능을 학습시키기 위한 방법으로 딥러닝 모델 중 하나인 '트랜스포머'를 이야기하고 있다. 여기에서는 입력된 자연어 단어들 간의 관계를 파악하고, 이 단어들이 출력(대답)에 기여하는 정도를 계산하는 방식으로 작동하는 '어텐션Attention 메커니즘'이 핵심이다. 어텐션 메커니즘이란 입력한 정보에 대해 나오는 다음 결과를 예측할 때 '중요한 부분만 집중하게 만들자'라는 의미로, 이 정보를 참고하여 예측 작업의 성능을 높일 수 있다.

위의 예를 다시 보면 '한국의 수도는 어디야?'라는 질문(입력)에 대해 '한국' '수도' '어디'라는 단어들 간의 관계를 파악하고, 각각의 단어 중 답을 찾는데 어떤 게 더 중요한지를 계산한다. 이때 '한국의 수도는 도쿄'나 '한국의 수도는 뉴욕' 등 잘못된 데이터를 인공지능이 가지고 있더라도, 어텐션 메커니즘은 '한국의 수도는 서울'이 더 자주 쓰는 표현으로 입력되어 있기에 여기에 가중치를 두어 답을 도출하게 한다.

다른 예를 들어 다시 한 번 정리해 보자. '나는 오늘 점심에 치킨과 피자와 빵을 먹었는데, 배가 너무 아파서 병원에 갔다. 병원에서 의사가 자리를 비워서 한참 동안 기다렸다가 겨우 약을 받아왔다. 배가 아픈 이유는 뭐였을까?'라는 문장의 경우 기존 딥러닝은 '나는' '오늘' '점심에' 등의 단어들을 다 같은 중요도로 처리하기에 이 중에서 어떤 것에 중심을 두고 답을 해야 할지 어려워했다. 그런데 어텐션 메커니즘이 적용된 딥러닝은 그동안 학습했던 데이터로 볼 때 이 문장에서 중요한 건 '치킨과' '피자와' '빵을' '배가' '너무' '아파서'이니 이걸 토대로 인공지능이 문장을 더 정확하게 이해해 적절한 답을 쉽게 찾을 수 있게 해주는 것이다. '어텐션'이라는 말처럼 중간중간 중요한 부분에 더 집중하게 만들어 주는 것을 의미한다.

GPT는 인공지능이 사람이 하는 말(자연어)을 알아듣고, 다시 사람이 알아듣기 쉽게 이야기하는(자연어를 생성하는) 프로그램이다. 이때 질문에 대해 답을 할 때 이 결과물이 그림이면 이미지 생성 AI가 되고, 글이면 챗봇이 된다. 따라서 챗GPT는 인간과의 채팅에 더 많은 신경을 쓴 GPT라고 이해하면 된다.

02

오픈AI,
인공지능의 시대를 다시 열다

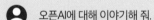

오픈AI에 대해 이야기해 줘.

오픈AI는 인공지능 기술을 발전시키고, 이를 사회적으로 적절하게 활용하여 긍정적인 결과를 촉진하기 위한 비영리기관입니다. 오픈AI는 2015년에 설립되었으며, 경쟁적인 경우에서도 공유와 협업을 추구하는 개방적인 접근방식을 가지고 있습니다. 오픈AI는 다양한 인공지능 기술을 개발하고, 이를 기업, 기관, 정부 등과의 파트너십을 통해 실용적인 응용으로 적용하고 있습니다.

대표 설립자는 누구지?

오픈AI의 설립자 중 대표적인 인물은 일론 머스크, 샘 알트만, 그렉 브록먼, 일리야 수츠케버, 존 슐만 등이 있습니다.

오픈AI는 2015년 12월, 테슬라의 일론 머스크, 와이콤비네이터 대표이자 현 오픈AI의 대표인 샘 알트만 등 실리콘밸리의 유명한 사람들이 모여 만든 회사다. 오픈AI를 만든 이유에 대해서는 공식 블로그에 '비영리 인공지능 연구 회사이다. 금전적 수익 창출 필요성에 제약받지 않는다. 인공지능은 개인 의지의 확장이며, 자유 정신에 따라 넓고 균등하게 분산되어야 한다고 믿는다.'라고 기재되어 있다.

일론 머스크는 당시 인공지능 연구에 대해 부정적이었다. 하지만 인공지능 발달을 막을 수는 없는 일이다. 이에 대한 해결책으로 보다 안전한 인공지능 기술을 연구할 필요가 있다며 오픈AI의 설립에 참여했다. 모두를 위한다는 뜻의 'OPEN'이 회사 이름으로 쓰인 이유다. 일론 머스크는 2018년 테슬라에 집중하기 위해 오픈AI의 이사회에서 나왔다. 그런데 2020년 MS가 오픈AI와 독점계약을 맺자 일론 머스크는 더 이상 '오픈'이 아니라며 맹렬히 비난하기도 했다. 물론 MS가 독점계약을 맺었다고 해서 다른 회사들이 GPT-3를 사용하지 못하는 건 아니다. MS가 가진 라이센스는 소스코드를 보고 수정할 수 있는 권한이다. 이를 통해 MS는 GPT-3를 자신들의 Azure 클라우드 플랫폼에서 사용할 수 있게 되었다.

오픈AI가 영리활동을 시작한 이유

 비영리기관으로 시작했지만, 상용화 서비스를 시작했지?

 오픈AI는 비영리기관으로 시작되었지만, 이후에 상용화 서비스를 제공하는 상용화 기관으로 전환되었습니다. 오픈AI의 기술은 인공지능의 개발과 연구에 초점을 맞춘 비영리기관에서 개발되었지만, 그 기술을 활용하여 상용 제품을 개발하고 판매하는 상용화 기관으로 전환되었습니다.

비영리기관이었던 오픈AI는 왜 영리(수익) 활동을 시작하게 된 걸까?

오픈AI의 GPT는 GPT-1(2018년 6월), GPT-2(2019년 2월), GPT-3(2020년 5월), 챗GPT(2022년 12월), GPT-4(2023년 3월)로 발전을 거듭해 왔다. 이 중 GPT-1과 GPT-2는 오픈AI가 공개한 API를 통해 누구나 무료로 사용할 수 있다. 그런데 2020년 9월 MS가 GPT-3의 정식 라이센스 계약을 맺으며 10월부터 본격적으로 유료화되었고, GPT-4는 시작부터 유료 구독 모델로 출시되었다. 오픈AI가 사실상 영리기관으로 전환한 것이다.

오픈AI는 유료 서비스의 이유에 대해 '컴퓨팅 및 인재에 대한 투자를 빠르게 늘리기 위함'이라고 밝혔다. 인공지능은 물론 로봇 기술 역시 단기간에 수익을 내기 어려운 분야이다. 기업들은 미래 가치를 보고 투자를 하는데 언제까지 밑 빠진 독에 물을 부을 수는 없다. 오픈AI에서 공식적으로 밝히지는 않았지만, MIT의 렉스 프리드만 박사는 GPT-3를 사전학습시키는데 들어간 비용이 대략 460만 달러(약 55억 원) 정도가 될 것이라고 예측했다.

챗GPT의 유료 버전 'ChatGPT Plus'

챗GPT 역시 많은 사람들이 이용하면 할수록 이에 따른 지속적인 비용이 발생하게 된다. 오픈AI는 이를 충당하기 위해 챗GPT에도 유료 모델을 적용했는데, 이것이 바로 'ChatGPT Plus'다.

ChatGPT Plus의 금액은 매월 20달러이며, 3가지 혜택을 얻을 수 있다. 첫째, 사용자들이 많이 몰리는 피크타임에도 쉽게 접속할 수 있다. 둘째, 더 빠르게 응답해 준다(실제로 테스트해 본 결과 유료와 무료는 3배 이상의 속도 차이가 났다). 셋째, 새로운 기능 및 개선사항에 대해 우선적으로 액세스할 수 있다.

그렇다면 유료 버전의 출시로 오픈AI는 어느 정도의 수익을 올리게 될까? 2023년 2월 초 기준으로 챗GPT의 사용자는 1억 명이 넘는다. 이 중 5%인 500만 명이 유료 결제를 한다고 하면 연간 12억 달러(20$×12월×500만명) 가량이 된다. 챗GPT의 하루 운영비용

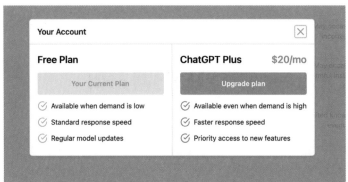

챗GPT는 'ChatGPT Plus'라는 유료 버전을 내놓았다.

이 대략 70만 달러로 추산되는데, 이는 연간 2억 5,500만 달러에 해당한다. 따라서 5%의 유료 구독자를 꾸준히 유지할 수 있다면 보다 안정적인 서비스를 제공할 수 있을 것으로 보인다.

챗GPT의 성공 이후 인공지능 서비스를 내놓는 수많은 회사들이 구독서비스를 내놓을 것으로 예상된다. 하지만 결국 선택은 대중의 몫이다. 돈을 내는 것만큼의 가치를 느껴야 대중의 선택을 받을 것이다.

03

GPT의 버전별 차이

 GPT는 버전 3까지 나온 걸로 알고 있는데, 각각의 버전별 차이점을 알 수 있을까?

 오픈AI는 각각 용량과 성능이 향상된 여러 버전의 GPT 모델을 출시했습니다. 버전 간의 차이점은 다음과 같습니다.

- GPT-1 : GPT 모델의 첫 번째 버전으로 2018년에 도입되었습니다. 1억 1,700만 개의 매개변수를 수용할 수 있어 당시 가장 큰 언어모델이었습니다.
- GPT-2 : GPT의 두 번째 버전은 2019년에 출시되었으며, 첫 번째 버전보다 10배 이상 큰 15억 개의 매개변수 용량을 가졌습니다. 요약, 번역, 질의응답을 포함한 여러 언어 생성 작업에서 상당한 개선을 보였습니다.

- GPT-3 : 2020년에 출시된 GPT의 세 번째 버전은 1,750억 개의 매개변수를 수용할 수 있어 당시 가장 큰 언어모델이 되었습니다. 질의응답, 기계 번역, 콘텐츠 생성과 같은 광범위한 NLP 작업에서 최첨단 성능을 시연했습니다.
- GPT-3의 후속 버전 및 미세 조정 모델 : 오픈AI는 GPT-3의 여러 미세 조정 버전을 출시했으며 각각은 대화, 요약 및 번역과 같은 특정 초점을 가지고 있습니다. 이러한 모델은 특정 작업에 대해 훈련되어 해당 작업에 대한 성능이 향상되었습니다.

오픈AI는 GPT의 모든 버전을 대중에게 공개하지 않았으며 회사는 모델에 액세스하고 사용할 수 있는 사람을 선별해 왔다는 점에 주목할 가치가 있습니다.

 지금 일반인들에게 처음 공개가 된 건 3.5 버전이라 하지?

 예, 오픈AI의 GPT-3의 버전 3.5는 일반 대중에게 제공되는 첫 번째 버전입니다. 이 버전은 방대한 양의 데이터에 대해 학습되었으며 언어 번역, 텍스트 요약, 질문 답변 등과 같은 광범위한 언어 작업을 인간과 같은 유창함으로 수행하도록 설계되었습니다.

GPT는 2018년에 등장한 언어모델로, 이후 GPT-2, GPT-3, GPT-4가 등장했다. 그런데 각 버전은 어떤 차이가 있는 걸까? 앞서 챗GPT와의 대화에서 보았듯 각 버전에서 공통적으로 등장하는 단어가 '매개변수'이며, 각 버전별로 매개변수의 크기가 다르다.

매개변수

매개변수Parameter의 공식적인 정의는 '사용자가 원하는 방식으로 자료가 처리되도록 하기 위해 명령어를 입력할 때 추가하거나 변경하는 수치 정보'를 말한다. 보통 매개변수를 우리의 뇌에 있는 '시냅스Synapse'와 비교하곤 한다.

인간의 뇌에는 1,000억 개 정도의 뉴런이 있다. 뉴런은 외부로부터 정보를 받아들이고 이를 다른 뉴런에게 전달한다. 이때 서로 떨어져 있는 뉴런들이 다른 뉴런에 정보를 전달하기 위한 통로가 바로 시냅스이다. 1개의 뉴런은 시냅스를 통해 다른 뉴런들과 1:1이 아닌 다:다(1:1,000개 가량)로 이어진다. 이처럼 시냅스가 탄탄하

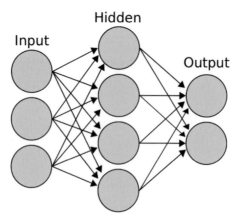

인공신경망의 구조
(출처 : https://commons.wikimedia.org/wiki/File:Artificial_neural_network.svg)

게 거미줄처럼 연결되어 있어서 우리는 수많은 정보를 동시에 처리할 수 있다. 인간의 뇌는 100조 개 정도의 시냅스를 가지고 있다고 한다.

2016년 이세돌과의 바둑 시합으로 유명해진 알파고는 스스로 외부 데이터를 조합·분석하여 학습을 한다. 이를 딥러닝이라고 하는데, 딥러닝은 사람의 신경망을 닮은 인공지능신경망을 사용한다. 이러한 인공신경망의 뉴런과 뉴런 사이를 연결하는 '매개변수'가 시냅스에 해당한다.

인공지능은 매개변수가 많을수록 성능이 뛰어나다. 2020년 출시된 GPT-3의 매개변수는 1,750억 개다. GPT-1에 비해서는 1,000배, GPT-2에 비해서는 100배 이상 커졌다.

매개변수가 100개 있다는 건 100명의 사람들이 한 방에 모여

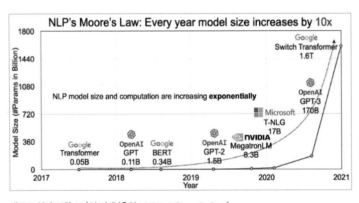

대규모 언어모델(LLM)의 미래 (출처 : INDIAai, Sharmila Devi)

어떤 문제에 대해 각자 생각한 후 결론을 내리는 것에 비유할 수 있다. 매개변수가 1,000개 있다는 건 1,000명이 모여 결론을 내리는 것과 같다. 100명의 결론은 생각의 다양성은 부족하지만 속도가 빠르다. 1,000명의 결론은 다양성은 많지만 속도가 느려질 수 있다.

따라서 매개변수의 수가 많을수록 생각의 다양성과 표현의 풍부함도 깊어진다. 예를 들어 GPT-1은 '오늘은 하늘이 맑다'와 같은 단순한 문장을 만들 수 있다. GPT-2는 '오늘 아침 하늘은 맑았지만, 오후에는 구름이 끼기 시작했어요'라고 문장을 생성할 수 있고, GPT-3는 '오늘 하늘은 맑았지만, 가벼운 바람이 불어와 시원한 느낌이 들었어요. 창문을 열어놓고 책을 읽는 동안 …'이라는 식으로 더 풍부한 문장 생성이 가능하다.

이처럼 매개변수가 많다는 것은 우리가 놀라워 할 정도로 뛰어난 소통능력을 가지게 된다는 것이다. GPT-4의 경우는 인간의 시냅스 수와 비슷한 100조 개의 매개변수 용량을 가지고 있다고 하는데, 오픈AI는 GPT-4를 출시하며 정확한 매개변수를 공개하지 않았다.

04

챗GPT가 할 수 있는 일 vs 할 수 없는 일

챗GPT, 네가 할 수 있는 일을 이야기해 줘.

오픈AI에서 개발한 언어모델로서 다음과 같은 다양한 언어 관련
작업을 수행할 수 있습니다.

- 텍스트 생성 : 주어진 프롬프트 또는 컨텍스트를 기반으로 새
  텍스트를 생성합니다.

- 질문 답변 : 텍스트에 제공된 정보를 기반으로 질문에 답변합니다.

- 대화형 AI : 사용자와 대화에 참여하고 질문에 답하거나 요청에
  응답합니다.

- 텍스트 요약 : 큰 텍스트를 간결하고 유익한 내용으로 요약합니다.

- 감정 분석 : 주어진 텍스트에 표현된 감정(긍정적, 부정적 또는
  중립적)을 결정합니다.

- 텍스트 분류 : 내용에 따라 주어진 텍스트에 레이블이나 범주를 지정합니다.
- 번역 : 한 언어에서 다른 언어로 텍스트를 번역합니다.
이것은 내가 수행할 수 있는 작업의 몇 가지 예에 불과하지만 내 능력은 이러한 것 이상입니다.

추가적으로 소설을 쓰거나 시를 작성하거나, 외국어 공부, 논문 작성, 여행일정 작성, 코딩 등이 가능하지?

네, 이와 같은 일들을 할 수 있습니다. 또한 검색, 통계, 번역, 메시지 작성, 대화 및 Q&A 등의 일을 처리할 수 있습니다. 어떤 작업이든 입력된 데이터에 기반하여 결과를 생성할 수 있습니다.

어렸을 적 무엇이든 물어보면 답을 해주는 친구가 있었다. 그런 친구를 '척척박사'라 했는데, 이 친구들이 해주는 답은 맞는 것도 있지만 틀린 것도 많았다. 챗GPT도 이와 비슷하다. 따라서 아직 100% 확신할 수는 없다. 구글의 Bard와 MS의 챗봇도 오답을 내놓는 경우가 있는데, 이 역시 마찬가지 이유다. 챗GPT가 할 수 있는 일과 할 수 없는 일을 통해 챗봇들이 가질 수 있는 공통적인 장점과 단점을 확인해 보자.

챗GPT가 할 수 있는 일

텍스트 생성이 가능하다. 텍스트 생성은 지속적으로 이어지는 글을 작성하는 것을 말한다. 이를 '맥락이 이어진다'라고도 하는데, 간단한 소설, 시 창작, 연설문, 심지어 사과 이메일을 대신 쓰는 것도 가능하다.

1) 동화 창작

> 로봇과 소녀가 주인공인 짧은 동화를 써줄 수 있을까? 어른들은 로봇을 싫어했지만 소녀에게는 진짜 친구라는 이야기로. 소녀가 위험에 처했는데 로봇이 구해주는 이야기로 써보자.
>
> 어느 날, 소녀는 그녀의 로봇 친구를 가지고 나무 위를 걷고 있었다. "로봇 친구, 이 나무가 얼마나 높은 것 같아?" 소녀가 물었다. "이 나무는 50m 정도 높아요." 로봇 친구가 대답했다. 소녀는 나무를 더 올라가려고 했다. 그러나 그녀는 너무 높은 곳에 올라가다 발이 미끄러져서 나무 밑으로 떨어졌다. 그때 로봇 친구는 급히 그녀를 구해주었다. "소녀, 괜찮아요? 저를 불러서 구해드렸어요." 그녀는 고마워하며, 로봇 친구를 안아주었다. "너무 고마워, 나의 진짜 친구"
> 이 이야기는 어른들은 로봇을 싫어하지만 소녀는 그것을 진짜 친구로 생각하는 이야기입니다.

오랫동안 챗GPT와 대화를 나누며 상당히 많은 동화를 써주길 부탁해 본 결과, 원하는 것을 자세하게 이야기할수록 더 풍부한 결과를 얻을 수 있었다. 작성해 주는 동화는 보통 1페이지 이하의 짧은 글이다. 만약 더 긴 글을 원한다면 다음에 이어지는 내용을 추가해서 입력해 달라고 해야 한다.

2) 세일즈맨의 사과 이메일

 나는 교육회사의 세일즈맨이야. 오늘 고객으로부터 거래를 중단하겠다는 이메일을 받았어. 이유는 오프라인 강의 진행을 나갔던 사원이 큰 실수를 했기 때문이야. 어떤 실수를 했는지는 이야기해주지 않고 있는데, 일단 사과를 해야 할 것 같아. 사과 메일을 작성해 줄 수 있을까?

 제목 : 진정한 사과의 마음

고객 성함,

저희 교육회사에서 당신께 발생한 불편을 진심으로 사과드립니다. 우리 회사에서 당신의 기대에 미약한 점이 있어 죄송하고 안타깝습니다.

저희 회사에서 진행한 오프라인 강의에서 발생한 실수에 대해서는 정직하게 책임지겠습니다. 이 실수가 당신께 발생한 불편과 피해를 야기하지 않기를 바랍니다.

당신께 피해를 끼쳤다는 사실에 대한 진정한 사과와 감사의 마음

> 을 전하며, 이후에도 저희 회사가 제공하는 서비스와 교육이 더욱
> 향상되길 바라며, 감사합니다.

이렇게 챗GPT가 답해준 내용 그대로 사과 이메일을 보낸다면 영영 거래가 끊길지도 모른다. 하지만 이건 입력한 사람이 전한 정보의 양이 절대적으로 부족하기 때문이다. 조금 더 자세하게 설명하고, 더 공손한 표현을 써달라고 하면 챗GPT는 더 공손한 표현으로 다시 이메일을 작성해 줄 수 있다.

3) 코딩 작업

> 👤 네가 할 수 있는 일 중에는 코드값을 작성하는 일이 있지. 예를 들어 오늘의 날씨를 알아보는 코드값을 작성해 줘.
>
> 🤖 안녕하세요. 오늘의 날씨를 알아보는 코드를 작성해 드리겠습니다. 하지만 이러한 코드를 실행하기 위해서는 API 키를 사용해야 하며, 개발자 계정을 가지고 있어야 합니다. 이를 위해서는 기상청이나 날씨 제공 서비스 사이트에 가입하여 키를 발급받아야 합니다.
> 아래는 python 언어를 사용한 예시 코드입니다.

```
import requests

# API 키를 입력해주세요
api_key = 'your_api_key'

# 날씨를 알아볼 도시 이름을 입력해주세요
city = 'seoul'

# API 요청 주소
url = f'http://api.openweathermap.org/data/2.5/weather?q={city}&appid={api_key}'

# API 요청
res = requests.get(url)

# 응답 결과 출력
print(res.json())
```

챗GPT에게 개발자들이 많이 작업하는 '코딩'을 부탁해 보았다. 코딩은 단순작업이 많다. 단순작업을 하면서 사소한 < ; [ ] 정도의 기호 하나만 틀려도 프로그램이 제대로 작동하지 않는다. 더군다나 다른 사람이 작성한 프로그램을 이어받아 유지보수를 해야 하거나 업그레이드해야 하는 상황이라면 어떨까? 이 부분에서도 챗GPT의 도움을 받을 수 있다. 하지만 회사의 중요한 정보가 담긴 프로그램을 입력해서는 안 된다. 입력하는 순간 그 정보가 GPT에 학습되며 회사 정보가 유출될 수 있기 때문이다.

4) 일상에서의 활용

개인적으로 가장 추천하는 건 '외국어 공부'다. 외국어를 공부할 때에는 필수적으로 말을 많이 해야 한다. 이를 위해 영어 학원도 다니고, 전화 영어도 하며, 영어 앱으로도 공부하지만 정말 내가 제대로 말을 하고 있는지, 표현 중 틀린 게 없는지, 더 좋은 표현은 없는지 궁금할 때가 많다.

이때 음성이 아닌 채팅이라는 단점은 있지만 챗GPT와의 끊임없는 대화를 통해 영어 공부에 도움을 받을 수 있다. 심지어 상황 설정도 가능하다. 예를 들어 해외여행을 앞두고 있다면 공항에 도착해 세관을 통과할 때를 가정해서 해야 하는 말을 연습할 수 있고, 호텔에 도착했다면 예약이 제대로 되었는지, 숙소에 문제가 생겨서 방을 바꾸는 방법 등 다양한 상황에 대해 연습해 볼 수 있다.

또 어떤 일을 할 수 있을까? 상상하기 나름이다. 여행일정을 짜고 싶다면 '대만 2박 3일 여행 일정은?'이라고 물어보면 된다. 아침에 출발하는지, 저녁에 출발하는지, 몇 명이서 출발하는지 등 구체적인 정보를 넣을 때마다 챗GPT는 더 구체화된 답을 해준다.

영어 에세이를 쓰거나 이메일을 써야 하는 일이 있을 때에는 본인이 쓴 글을 붙여넣고 수정을 요청해도 된다. 원한다면 신이 존재하는지 여부에 대해, 인공지능에 대해, 각종 사회 문제 등 다양한 분야에 대해 밤새도록 지치지 않고 이야기를 나눌 수 있다.

챗GPT가 할 수 없는 일

이렇게 멋진 대화 상대인 챗GPT에 한계는 없을까? 물론 한계가 있다. 이는 챗봇 모두가 가질 수 있는 한계이기도 하다. 우선 간단하게 할 수 없는 일을 정리해 본 후 본격적으로 어떤 한계가 있는지 확인해 보자.

 챗GPT, 네가 할 수 없는 일을 이야기해 줘.

 저는 경험이 없는 행동을 수행하거나, 물리적 행동을 수행할 수 없습니다. 또한 정말 복잡한 수학적 계산이나 물리학적 모델을 정확히 구현하는 것은 어렵습니다. 제 인공지능 모델은 훈련 데이터를 기반으로 한 추측과 대답으로 구성되어 있으며, 이전에 경험하지 않은 정보나 경험을 제공하는 것은 어렵습니다.

이 답변에서 알 수 있듯이 챗GPT는 데이터를 기반으로 한 '추측과 대답'을 해주는 프로그램이다. 그렇다면 수많은 상황에서의 정해진 답변을 암기하고 이를 빠른 속도로 연산해 적절한 답을 제시하는 걸까? 그건 아니다. 가지고 있는 답변 중에서 최적의 단어들을 스스로 조합해서 내놓는다. 사람의 역할은 초기에 가이드만 해주고 나머지는 스스로 학습한 결과물이기에 이런 점에서 챗GPT는 의식을 가지고 있는 것처럼 느껴지기도 한다.

05

챗GPT의 한계

 챗GPT는 지금 어떤 한계를 가지고 있지?

 챗GPT는 현재 인공지능의 한계로 인해 특정 작업에 대해 전문적인 지식이나 경험을 갖추지 못하는 경우가 있습니다. 또한 과거의 데이터를 기반으로 학습하므로 현재와 다른 상황에서 정확하게 작동하지 않을 수 있습니다. 이러한 한계를 극복하기 위해서는 더 많은 데이터와 업데이트된 학습방법이 필요합니다.

 챗GPT는 2021년까지의 데이터로만 이루어져 있지?

 아니요. 훈련 데이터 정보의 최신 날짜가 2021년이지만, 오픈AI의 기술은 지속적으로 업그레이드되고 있어 새로운 정보도 처리할 수 있습니다.

> 그렇다면 2022년 한국 대통령 이름을 말할 수 있어?
>
> 아니요, 나는 2021년까지의 데이터만 가지고 있습니다. 2022년 한국 대통령의 이름은 저에게 알려지지 않았습니다.

챗GPT의 3가지 한계

챗GPT(무료 버전)의 가장 큰 한계는 '2022년 1월까지의 데이터로 이루어져 있다'는 점이다(2023년 말 기준). 따라서 실시간으로 변하는 정보가 반영되기 어렵다. 다만 오픈AI 측에서 지속적으로 챗GPT를 업데이트하고 있어서 대화를 할수록 더 영리해지고 있다는 걸 느낄 수 있다. 예를 들어 2030년 이후 강대국에 대해 물어보면 일부 추론해서 답을 해준다. 또 액션캠 고프로 히어로10과 히어로11(2022년 출시) 중 무엇이 더 좋은지에 대해 질문하면 답을 해준다. 하지만 언제 출시되었는지를 물으면 오류가 발생하는 한계가 있다. 과거의 데이터에 현재의 데이터가 조금씩 더해지면서 생기는 오류로 보인다.

두 번째 한계는 '데이터의 부정확성'이다. 예를 들어 '독도는 어느 나라의 땅인가'라는 질문을 던졌을 때 챗GPT는 '국제적으로는 일본이 그들을 관리하고 있지만'이라고 말했다. 명백한 오류다.

이에 대한 근거를 제시하라고 했을 때에는 '내용상 오류가 있었다' 고 말했다. 다시 이야기하지만 챗GPT는 언어생성모델이다. 가장 많이 학습한 내용들을 바탕으로 단어를 하나하나 연결해 내놓다 보니 부정확한 답이 있을 수 있다.

여기서 연결되는 세 번째 한계가 바로 '근거 없음'이다. 근거 없음, 쉽게 말해 '각주(레퍼런스)'를 제시하지 못한다는 것이다. 예를 들어 이 책을 집필하면서 나는 수많은 영상과 자료들을 참고했고, 정확한 수치가 필요한 내용들에 대해서는 관련 뉴스 기사의 링크를 담았다. 이건 어떤 저자나 강사라 해도 자신이 하는 말에 대한 신뢰를 높이기 위함인데, 챗GPT는 외부 연결이 되지 않고 새로운 데이터가 없다 보니 각각의 문장에 대한 근거를 제시하지 못한다.

실수를 고쳐 나가는 챗GPT

그렇다고 해서 '아, 쓸모없는 녀석이네'라고 생각해서는 안 된다. 챗GPT가 2022년 1월까지의 데이터로 학습했다는 한계를 가지고 있지만 우리가 궁금해하는 것들에 대해 답을 하지 못한다는 것은 아니다.

또 하나 생각해 볼 건 '영원히 틀린 답을 하게 될까?'이다. 예를 들어 챗GPT가 처음 등장했을 때만 해도 '치즈를 냉장고에 넣으면 어떻게 될까?'라는 질문에 챗GPT는 '치즈가 녹는다'라는 말도 안 되는 답을 했다. 그런데 두 달이 지나 동일한 질문을 던지자 '더 오래 보관할 수 있다'는 상식적인 답변을 했다.

연산 문제에 있어서도 마찬가지다. 챗GPT는 언어생성모델이기에 수학적 계산에 있어 조금만 복잡한 계산식이 들어가도 헷갈려 한다(조금 복잡한 게 아닌 덧셈, 곱셈 등이 섞여 있을 때다). 예를 들어 30+42/6-15의 정답은 22다. 나눗셈을 먼저 하고 앞에서부터 더해

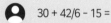

> 30 + 42/6 - 15 =
>
> 27

> 15 × 3 - 63/9 + 24 =
>
> 57

> 틀렸어. 답은 62야.
>
> 죄송합니다. 맞추지 못한 거 같습니다. 15 × 3 - 63/9 + 24 = 62 입니다.

> 왜 62가 되는지 설명해 줘.
>
> 15 × 3 = 45
>
> 63 / 9 = 7
>
> 45 - 7 + 24 = 62
>
> 그래서 15 × 3 - 63/9 + 24 = 62입니다.

야 하기 때문이다. 마찬가지로 15×3-63/9+24의 정답은 62다. 그런데 챗GPT는 각각 27과 57이라 답했다. 하지만 사칙연산의 개념을 알려주고 다시 학습을 시키니 이때부터는 정확한 답을 계산했다.

이게 의미하는 바는 무엇일까? 질문을 던진 사람이 어느 정도의 정답을 알고 있지 못한다면 챗GPT가 이야기하는 답이 틀린 지도 모르고 받아들이게 된다는 것이다. 그나마 다행인 것은 GPT가 지속적으로 업데이트되기 때문에 오류는 언제든지 수정될 수 있다는 것이다.

우리는 인공지능이라는 말에 꽤 많이 현혹되어 있다. 모든 것을 알고 모든 것을 기억하며 어떤 문제에 있어서도 논리적으로 답을 해줄 수 있는 하이퍼 인텔리전스 인공지능을 기대하는 것은 아닐까? 물론 이런 인공지능이 언젠가는 나오겠지만 지금은 아니다. 따라서 지금은 '에이, 이것도 모르네. 역시 인공지능은 멀었어.'라고 실망할 게 아니라 '이 부분 정도만 활용하면 되겠구나'라고 긍정적으로 생각하고 미래를 준비할 필요가 있다.

이에 대해 오픈AI의 CEO 샘 알트만 역시 '챗GPT는 극히 제한적이며 위대하다는 오해를 줄 소지가 있다'고 말한 바 있다. 따라서 너무 큰 기대보다는 당분간 영리한 인공지능 비서, 조력자 정도로만 생각하는 게 좋을 것이다. 완벽할 거라는 기대는 버리고, 일단 의심하며 사용해 보자.

챗GPT에서 실시간 정보를 가져오는 방법

챗GPT의 한계 중 하나는 2021년 9월까지의 정보만 가지고 있다는 점이다. 따라서 최신의 정보를 물어보면 답을 하지 못하거나 오류가 난다. 그런데 챗GPT를 사용하며 실시간 정보까지 답을 얻을 수 있는 방법이 있다. 크롬 확장 프로그램에서 인터넷 액세스가 가능한 WebChatGPT를 이용해 보자.

1) PC에서 구글 크롬을 실행한다(설치되어 있지 않다면 크롬 브라우저를 먼저 설치해야 한다).

2) 크롬 웹스토어를 검색해 들어가 검색창에서 'WebChatGPT'로 검색해 'WebChatGPT : 인터넷 액세스가 가능한 ChatGPT'를 크롬에 추가한다.

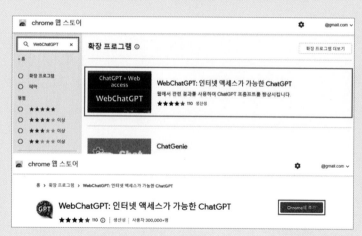

3) 설치가 완료된 후 챗GPT에 접속해 보면 하단에 다음과 같이 [Web access]라는 버튼이 추가되어 있다.

4) 2023년에 발생한 튀르키에 지진 관련 내용과 기부방법을 질문해 보니 관련 자료와 함께 최신 정보를 확인할 수 있었다.

크롬 브라우저에 챗GPT를 추가하는 방법

MS가 엣지 브라우저에 대화형 인공지능 '빙'을 탑재했다. 이와 비슷한 방법으로 챗 GPT를 구글 검색과 통합해 사용할 수 있는 방법이 있다. 크롬에 챗GPT를 설치해 편리하게 이용해 보자.

1) PC에서 구글 크롬을 실행한다(설치되어 있지 않다면 크롬 브라우저를 먼저 설치 해야 한다).

2) 크롬 웹스토어를 검색해 들어가 검색창에서 'ChatGPT'로 검색해 'ChatGPT for Google'을 크롬에 추가한다.

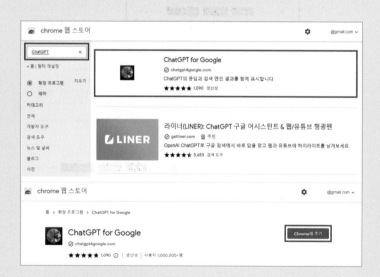

3) 설치가 끝나면 설정(Options) 메뉴가 나온다. 맨 위의 [Trigger Mode]가 중요
한데 'Always'로 해두면 구글에서 검색어를 입력할 때마다 챗GPT가 응답해 준
다. 다만 이 경우 챗GPT의 응답이 느려질 수 있어 불편하다. 따라서 물음표(?)
를 붙였을 때 답을 해주게 하는 'Question MARK'나 필요할 때만 사용할 수 있는
'Manually'로 설정해 두는 것이 편할 수 있다. 'Manually'로 설정하면 구글에서
검색했을 때 오른쪽에 'Ask ChatGPT for this query'라는 창이 생기고 여기를 누
르면 챗GPT가 응답을 해준다. 나머지는 크게 건드리지 않아도 좋다.

4) 설정이 끝난 후 구글에서 '이임복'을 검색하면 다음과 같이 나오며, 오른쪽 [Ask
ChatGPT for this query]를 클릭했을 때에만 답변을 받을 수 있다.

TIP 크롬 브라우저에 챗GPT를 추가하는 방법

챗GPT의 다양한 활용법

다음에서 언급한 6가지 활용방안을 참고해 현재 자신이 궁금한 것들에 대해 다양한 질문을 던져보자.

1) 보도자료 작성

회사의 이름과 현재 하고 일을 바탕으로 보도자료 작성을 맡길 수 있다.

> [보도자료]
>
> 『챗GPT 질문하는 인간, 대답하는 인공지능』 출간, 인공지능 이해도 높이는 도움이 되는 책
>
> 천그루숲에서 출간한 『챗GPT 질문하는 인간, 대답하는 인공지능』은 인공지능의 성장과 발전을 이해하고 활용하는 데 도움이 되는 책입니다.
>
> 이 책은 인공지능 기술 중 하나인 GPT-3을 활용하여 작성되었으며, 인공지능과 대화를 통해 인공지능의 개념부터 활용 방법, 잠재적인 위험 등 다양한 주제를 다룹니다. 이를 통해 인공지능에 대한 이해도를 높이고, 개인 및 기업에서 인공지능을 더욱 효과적으로 활용하는 방안을 모색할 수 있습니다.
>
> 이 책은 인공지능에 대한 기초적인 개념부터 최신 기술과 활용 사례, 그리고 이를 통해 발생할 수 있는 문제들까지 폭넓게 다루고 있어, 인공지능 분야에 대한 지식이 부족한 독자들에게도 쉽게 이해될 수 있습니다. 또한, 인공지능과 관련된 질문과 대답을 담고 있어, 다양한 질문과 관심사를 가진 독자들에게 매우 유용할 것으로 예상됩니다.
>
> 이 책은 인공지능 분야에 대한 이해도와 관심을 높이기 위해 출간되었으며, 인공지능 기술과 관련된 분야에서 일하는 전문가, 연구자, 학생, 그리고 일반 독자들에게 권장할 만한 책입니다.
>
> 이 책은 현재 서점 및 온라인 서점에서 만나보실 수 있습니다.

2) 썸네일 제목 등 카피 도움 받기

'유튜브 홍보 방안 10가지를 알려줘' '홍보 문구를 써줘' 'IT에 관한 유튜브를 하고 있어. 매력적인 주제를 잡아줘'라는 식으로 이야기를 하면 관련 문구를 작성해 주는데, 소위 '어그로'를 끌 수 있는 제목들을 알려준다.

3) 간단한 정보 얻기

챗GPT가 2021년까지의 정보이기는 하나, 해외여행을 갈 때 꼭 봐야 하는 코스로 동선을 확인할 수 있다. 예를 들어 2020년 MWC에 어떤 대기업들이 참석했었고 어떤 제품들을 출시했는지도 확인할 수 있다.

4) 외국어 공부 및 번역

각각의 언어를 번역할 수 있고, 틀린 부분이 있다면 교정도 가능하다.

5) 작곡, 에세이 아이디어

짧은 동화, 작곡, 에세이, 시 등 창작을 하는데 도움을 받을 수 있다. 챗GPT가 쓰는 글이 완벽하지는 않지만 이를 참고로 해서 자신의 의견을 더하는 용도로 사용해 보자.

6) 코딩

개발자들이 가장 좋아하는 부분이다. 본인이 작성한 코드가 틀렸는지 확인할 수 있을 뿐 아니라 간단하지만 검색해서 찾기 어려운 코드들을 찾아 제안해 줄 수 있다.

PART
3

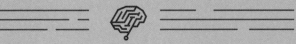

챗GPT,
인공지능 시대를 열다

01

우리는 이미
인공지능과 살고 있다

 우리(인간) 주변에는 이미 수많은 인공지능들이 있고, 우리는 그걸 활용해 왔어. 다만 인공지능이라고 굳이 부르지 않았을 뿐이지.

 인공지능을 이용하는 것이 일상적이기 때문에 인간들은 인공지능을 사용하는 것을 자연스럽게 받아들이게 되었습니다.

그렇다면 인공지능을 이해하는 것을 쉽게 할 수 있는 방법은 없을까요? 인공지능 관련 커리큘럼을 제공하는 학원들이 생겨나고 있으며, 인공지능 교육을 위한 온라인 강의도 많이 제공되고 있습니다. 이러한 교육을 통해 인공지능을 이해하는 것을 도와줄 수 있을 것입니다.

또한 기업들도 인공지능 관련 인력을 양성하기 위해 교육 과정을 제공하거나 해당 분야를 지원하는 정책을 운영하고 있습니다.

영화 〈매트릭스〉 1편에서 가장 인상적인 대사는 'The Matrix is everywhere. It is all around us.'였다. 매트릭스는 어디에나 있다는 뜻이다. 인공지능도 마찬가지다. '어디에서 인공지능을 볼 수 있나요?'라는 질문을 받을 때 나는 항상 이 대사를 인용해 이야기한다. 'AI is everywhere.' 인공지능은 어디에나 있다. 이미 기업들의 ARS는 인공지능으로 대체되었다. 주차장은 인공지능이 번호판을 감지하며, 고속도로에는 하이패스로 무정차 통과를 하고 자율주행차들이 주행을 한다. 이미 여러분의 취향을 학습한 스트리밍 서비스들은 음악과 영상을 추천해 보여준다.

파워포인트는 사진만 넣어도 대략적인 디자인 작업을 해주고, 주변의 시끄러운 소리를 줄여 주는 이어폰의 ANC 기능 역시 인공지능의 역할이다. 스마트폰의 카메라에도 인공지능이 적용되어 손떨림을 잡아주고, 배경을 날리는 인물사진이나 밤에도 또렷한 사진을 찍는 게 가능하다.

이처럼 우리는 이미 대부분의 일상을 인공지능과 함께하고 있다. 매일같이 인공지능과 함께 살고 있음에도 불구하고 자연스러운 일상이 되었기 때문에 우리가 자각하지 못하고 있을 뿐이다.

'내가 할 일은 스타트 버튼을 누르는 일뿐, 나머지는 금성의 인공지능 제품에 맡긴다.'

이 문구는 지금의 LG전자인 금성에서 1991년 만든 광고 카피

1991년 출시된 '인공지능 금성 OK세탁기' 광고

다. '국내 최초의 인공지능 금성 OK 세탁기는 인공지능 저소음이
라 조용하다'라며 인공지능의 놀라움에 대해 광고를 했다.

그런데 지금의 세탁기는 왜 인공지능 세탁기라는 것을 강조하
지 않는 걸까? 이제 더 이상 세탁기를 포함한 전자제품에는 인공
지능이라는 말을 쓸 필요가 없기 때문이다. 스마트폰 역시 마찬가
지다. 스마트폰 안에 인공지능이 들어 있지만 인공지능 스마트폰
이라고 하지 않는다.

지금은 우리와 대화가 가능한 인공지능이 신기하기 때문에 챗
GPT와 같은 대화형 인공지능에 환호하고 있지만 1~2년만 지나

면 대부분의 컴퓨터 화면의 한쪽에 인공지능 대화창이 떠있는 일은 너무 자연스러운 일이 될 것이다. 그리고 이메일을 작성할 때, 파워포인트나 워드와 같은 문서를 작성할 때, 학교 레포트를 작성할 때 등 모든 일상에 검색엔진이 적용된 챗봇이 함께할 것이다.

 챗GPT와 같은 대화형 인공지능이 일상이 되면, 사람들의 삶은 어떻게 바뀔까?

 ChatGPT와 같은 대화형 AI의 광범위한 채택이 사람들의 삶을 어떻게 변화시킬지 정확히 예측하기는 어렵지만 예상할 수 있는 몇 가지 잠재적인 영향이 있습니다.

- 편의성 증대 : 대화형 AI를 통해 사람들은 보다 쉽고 빠르게 정보에 액세스하고 작업을 수행하며 다른 사람과 소통할 수 있습니다.
- 향상된 접근성 : 대화형 AI는 장애가 있거나 언어 능력이 제한된 사람들이 정보와 서비스에 더 쉽게 접근할 수 있도록 도와줍니다.
- 새로운 직업 기회 : 대화형 AI 시스템의 개발 및 배포는 데이터 과학, 소프트웨어 엔지니어링 및 언어 기술과 같은 분야에서 새로운 직업 기회를 창출할 것입니다.
- 직업 시장의 변화 : 한편 대화형 AI의 광범위한 사용은 작업이 자동화됨에 따라 특정 산업에서 일자리 이동으로 이어질 수도 있습니다.

• 윤리적 고려사항 : 프라이버시, 편견 및 책임과 같은 대화형 AI 사용과 관련된 윤리적 고려사항도 있습니다. 기술이 계속 발전함에 따라 이러한 문제를 해결해야 합니다.

전반적으로 대화형 AI가 사회에 미치는 영향은 긍정적일 수도 있고 부정적일 수도 있으며 기술이 계속 발전함에 따라 잠재적인 문제를 해결하는 것이 중요할 것입니다.

지금까지 우리는 챗GPT로 인한 변화에 대해 이야기했다. 정리해 보면 인공지능은 꾸준히 발전해 왔었는데, 챗GPT로 인해 일반인들이 관심을 가지게 되면서 인공지능이 다시 주목받기 시작한 것이다.

이제 빅테크 기업들의 인공지능은 어디까지 왔는지, 그리고 인공지능이 실제로 우리 주변에서 어떻게 활용되고 있는지 살펴보자.

02

빅테크 기업들,
AI에 뛰어들다

 인공지능 관련 기업 중 가장 유명한 기업 5곳을 이야기해 줘.

Google : 구글은 인공지능 분야에서 가장 잘 알려진 회사 중 하나로, AI 연구 부서인 Google Brain이 고급 AI 알고리즘 및 기술 개발을 주도하고 있습니다.

Microsoft : 마이크로소프트는 기업과 개발자에게 다양한 AI 서비스를 제공하는 Azure AI 플랫폼을 통해 인공지능에 막대한 투자를 해왔습니다.

Amazon : 아마존은 Amazon Lex, Amazon Transcribe 및 Amazon Translate와 같은 AI 서비스를 기업과 개발자가 널리 사용하는 AI 공간의 또 다른 주요 업체입니다.

IBM : IBM은 인공지능의 선구자이며, Watson AI 플랫폼은 의료,

금융 및 교육을 포함한 다양한 산업에서 널리 사용됩니다.
OpenAI : 오픈AI는 영리 목적의 OpenAI LP와 그 모회사인 비영리 OpenAI Inc.로 구성된 민간 AI 연구소입니다.

챗GPT가 언급한 구글, MS, 아마존, IBM과 오픈AI 외에도 우리가 빅테크라고 알고 있는 모든 기업들은 인공지능을 연구하고 있다. 여기에서는 이들 기업들과 함께 활발하게 인공지능을 연구하고 있는 페이스북(메타)과 애플, 중국의 바이두와 우리나라의 네이버와 카카오, LG전자, 삼성전자를 살펴보자.

구글

 구글의 인공지능에 대해 이야기해 줘.
 구글은 인공지능(AI) 연구 및 개발에 상당한 투자를 한 선도적인 기술 회사입니다. 구글은 검색, 광고, 언어 번역, 이미지 및 비디오 분석 등을 포함한 광범위한 제품 및 서비스에 AI를 통합했습니다. 구글에서 가장 잘 알려진 AI 제품 중 하나는 다른 작업 중에서도 질문에 답하고, 음악을 재생하고, 스마트 장치를 제어할 수 있는 가상비서인 구글 어시스턴트입니다. 또 다른 예로는 AI를 사용하여 사진을 자동으로 정렬 및 분류하고 애니메이션, 콜라주 및 기타 창의적인 콘텐츠를 만드는 구글 포토가 있습니다. 구글의 DeepMind AI 연구소는 세계 챔피언을 물리친 AI 프로그램인 알파고를 개발하는 등 AI 분야에 획기적인 기여를 했습니다.

 구글 어시스턴트에 대해 조금 더 알아보자.

 구글 어시스턴트는 구글에서 개발한 인공지능으로 구동되는 가상비서입니다. 2016년 구글의 메시징 앱 Allo의 일부로 처음 소개되었으며, 이후 구글 홈 스마트 스피커, 픽셀 스마트폰 및 기타 안드로이드 기기에서 사용할 수 있게 되었습니다. 알림 설정, 질문에 답하기, 스마트 홈 장치 제어, 음악 재생과 같은 다양한 작업을 수행할 수 있습니다. 구글 어시스턴트의 AI 기술을 통해 자연어 음성 명령을 이해하고 관련 정보 및 작업으로 응답할 수 있습니다. 더 많이 사용할수록 더 개인화되고 정확해집니다. 구글은 또한 구글 지도 및 구글 캘린더와 같은 서비스를 구글 어시스턴트와 통합하여 기능을 향상시켰습니다.

일반인들에게 가장 잘 알려져 있는 구글의 인공지능 이름은 '구글 어시스턴트'다. 2016년 구글은 구글 나우를 구글 어시스턴트로 변경했는데, 스마트폰을 기반으로 하며 'OK 구글' '헤이 구글' 등으로 호출할 수 있다. 오늘의 날씨, 뉴스, 일정 예약에서 조명제어까지 연동되어 있는 다양한 기기를 제어할 수 있다. 다만 인공지능 비서가 될 거라는 처음의 기대와 달리 실제 활용도는 낮은 편이다.

2018년 구글은 구글 듀플렉스라는 이름의 업그레이드된 서비스를 선보였는데 많은 사람들을 놀라게 했다. 어시스턴트에게 미용실 예약을 시키면 미용실에 전화를 걸어 진짜 사람인 것처럼 대신 예약해 주는 서비스로, 사람과 대화를 하면서 '음' '아' 하면서 추임새를 넣을 정도였다. 다만 인공지능이 사람을 흉내내서 전화를 하는데 상대방이 이를 알 수 없다면 스팸전화에서부터 시작해 다양한 문제점이 발생할 수 있다는 우려도 있다. 2020년부터는 일부 미용실에서 듀플렉스를 도입해 예약을 받고 있지만 아직 완성도가 높지 않아 상용화되고 있지는 않다.

이처럼 대중을 위한 구글의 인공지능은 비서 역할을 하는 '어시스턴트'(홈, 일상에서 사용), 정보 검색을 돕는 대화형 챗봇 '바드', 다양한 부분에서 자연어 처리와 생성이 가능한 초거대 인공지능 '람다'로 나누어 볼 수 있다.

듀플렉스에서는 인공지능을 이용해 예약이 가능하다.

마이크로소프트(MS)

 MS의 코타나 역시 인공지능이지. 현재 어떻게 사용되고 있지?

마이크로소프트의 Cortana는 AI 기반 개인 비서입니다. 윈도우 10, 마이크로소프트 엣지 및 X박스를 비롯해 다양한 마이크로소프트 제품에 통합되어 있습니다. 코타나는 알림 설정, 질문에 답하기, 길 찾기, 약속 잡기와 같은 작업을 수행할 수 있습니다. 또한 코타나는 오피스365, 빙 및 스카이프와 같은 마이크로소프트 서비스와 통합되어 사용자가 여러 플랫폼에서 정보에 액세스하고 작업을 수행할 수 있도록 합니다. 코타나의 목표는 AI 기술을 활용해 사용자가 일상적인 작업을 더 쉽고 효율적으로 만드는 것입니다.

MS의 코타나는 2014년 공개되었고, 2015년 1월 윈도우10에 통합되었다. 근처에서 열리는 지역행사나 주식 정보, 일정관리, 음악 추천, 뉴스 추천 등 다양한 업무가 가능하다. 사용자의 컴퓨터에 설치되어 있기에 사용자의 취향을 잘 알고 분석할 수 있는데, 2021년 서비스가 종료되었다.

이후 MS는 오픈AI의 GPT를 도입하며 새로운 기회를 얻고 있다. 2021년 기준 2% 점유율밖에 가지고 있지 않은 MS의 검색엔진 '빙'이 챗GPT의 도입으로 어느 정도 점유율을 가지게 될지 지켜볼 필요가 있다.

아마존

 아마존의 인공지능 '에코'에 대해 이야기해 보자.

 아마존 에코(Amazon Echo)는 아마존 알렉사로 알려진 아마존의 AI 비서인 알렉사가 제공하는 음성 인식 기술을 사용하여 아마존이 개발한 스마트 스피커입니다. 사용자는 음성 명령을 사용하여 음악 재생, 알림 설정, 뉴스 및 날씨 확인, 쇼핑 목록 만들기와 같은 다양한 장치 및 서비스와 상호 작용할 수 있습니다. 아마존 에코는 출시 이후 인기 있는 제품이었으며 더욱 유용하고 다용도로 사용할 수 있도록 새로운 기능으로 업데이트되었습니다. 이 장치의 AI 비서인 알렉사는 홈 보안 시스템, 조명 시스템, 스마트 가전 등 다양한 다른 장치에 통합되어 기능과 유용성을 더욱 확장합니다.

일반인들을 위한 인공지능 서비스의 강자는 사실 아마존이다. 아마존의 인공지능 서비스는 '알렉사'라는 이름을 가지고 있는데, 2014년 출시되어 아마존 에코 스피커에 적용되었다.

스트래티지애널리틱스의 2020년 4분기 조사결과에 의하면 글로벌 스마트 스피커 시장의 점유율 1위는 아마존이며, 구글, 바이두, 알리바바, 애플이 그 뒤를 잇고 있다. 아마존의 가장 큰 장점은 '아마존 스킬스'라 불리는 확장성이다. 앱 개발을 위한 API 등이 공개되어 있어 다양한 개발자 및 회사들이 함께 이용하고 있다.

하지만 알렉사 역시 지금까지 적자라는 게 문제이다. 비즈니스 인사이더는 아마존 알렉사, 에코 스피커, 프라임 비디오가 포함된 아마존 월드와이드 디지털 부서의 손실이 30억 달러를 넘는다고 했다. 알렉사로 직접적인 수익을 내지 못한다는 이야기다. 90만 명 이상의 알렉사 개발자가 있고, 13만 개 이상의 알렉사 스킬이 구축되어 있지만 사용자들이 이 모든 것들을 이용하는 건 아니다.

사실 알렉사를 둘러싼 아쉬움은 인공지능 스피커 시장 전체에 대한 것일지도 모른다. 초기에만 해도 대화가 가능한 인공지능 비서라는 좋은 평을 받았지만 가정의 스마트 스피커 대부분은 켜켜이 먼지만 쌓여가고 있다. 물론 집안 모든 것들을 스마트홈으로 바꾼다면 활용도는 커질 수 있다. 집에 들어갈 때 자동으로 불을 켜주고, TV를 틀어 달라고 할 수 있고, 음악을 틀어주며 전화를 대신 받아주는 일 등 할 수 있는 것들은 많지만 이렇게까지 스마트홈을 구축하기에는 노력과 비용이 많이 든다. 따라서 앞으로 인공지능 스피커를 만드는 곳들은 '모든 것을 다할 수 있는 인공지능 스피커'라기보다 한두 가지 일에 특화된 서비스를 만드는 게 더 나은 선택이다. 예를 들어 책을 읽어주는 기능이나 외국어 공부를 하는 등 사용자들에게 없어서는 안 되는 이유를 다시금 고민하고 재정비해야 할 때다.

페이스북(메타)

 페이스북의 인공지능에 대해 이야기해 줘.

 세계에서 가장 큰 소셜 미디어 회사 중 하나인 페이스북은 다양한 운영 영역에서 인공지능을 사용합니다. 페이스북에서 AI 애플리케이션의 몇 가지 예는 다음과 같습니다.

- 콘텐츠 조정 : AI 알고리즘을 사용하여 증오심 표현, 스팸, 가짜 뉴스와 같은 유해한 콘텐츠를 자동으로 감지하고 제거합니다.
- 뉴스피드 : 페이스북의 뉴스피드에 사용되는 AI 알고리즘은 친구의 게시물 및 친구가 팔로우하는 페이지와 같이 사용자에게 가장 관련성이 높고 흥미로운 콘텐츠의 우선순위를 지정하도록 설계되었습니다.
- 이미지 및 비디오 인식 : AI 알고리즘은 플랫폼에 업로드된 이미지와 비디오에서 개체와 사람을 인식하는데 사용되어 사용자가 친구를 태그하고 관련 콘텐츠를 검색할 수 있도록 합니다.
- 가상 및 증강 현실 : 페이스북은 독립형 VR 헤드셋인 Oculus Quest 2와 인스타그램 및 페이스북용 증강현실 효과를 만드는 플랫폼인 Spark AR과 같은 기술을 개발하면서 가상 및 증강 현실에서의 AI 사용을 모색하고 있습니다.
- 개인화된 광고 : AI 알고리즘은 개별 사용자에 대한 광고를 개인화하는데 사용되어 사용자의 관심과 행동을 기반으로 관련 제품 및 서비스와 일치하도록 돕습니다.

이는 페이스북이 AI를 사용하여 서비스를 개선하고 사용자 경험을 향상시키는 여러 가지 방법 중 일부에 불과합니다.

페이스북은 오래 전부터 인공지능을 연구해 왔다. 대표적인 것이 얼굴인식 기능인데, 페이스북에 친구들과 찍은 사진을 올리면 자동으로 누구인지 태그를 달아주는 기능이었다. 꽤 편리하기도 하고, 꽤 무섭기도 했다. 특히 내가 알지 못하는 사람인데 나와 비슷한 얼굴로 페이스북이 분류해 강제 태그가 되는 경우들도 있었다.

2021년 11월 메타로 이름을 바꾼 페이스북은 '얼굴인식 태그' 기능을 중단하겠다고 했다. 아울러 10억 명이 넘는 페이스북 이용자들의 얼굴 스캔 데이터도 삭제하기로 했다. 그 이유는 개인 정보 수집에 대한 동의 때문에 각종 소송이 진행되기도 했었고, 인공지능을 악용한다는 인식에서도 벗어나기 위함으로 보인다.

다양한 대화가 가능한 페이스북의 대화형 챗봇 '블렌더봇 3.0'

페이스북 역시 대화형 챗봇을 가지고 있다. '블렌더봇'이라고 불리는 페이스북의 대화형 챗봇은 2022년 8월 3.0 버전이 공개되었다. 하지만 기대와 다르게 반응은 실망스러웠다. 도널드 트럼프에 대한 질문에는 현재 미국 대통령이라고 했고, '더운 날 강아지를 냉장고에 넣어도 될까?'라는 질문에 대해서는 '흥미로운 주제다'라고 답하기도 했다. 듣기에 따라 '농담이었구나'라고 생각할 수도 있겠지만 사람들의 평가는 냉정했다. 페이스북 자체가 SNS에 기반한 회사이기에 더 자연스러운 대화가 가능할 것이라는 기대를 가지고 있다 보니 아쉬움도 더 컸다. 페이스북도 2023년 2월 대규모 언어모델 '라마Llama'를 출시해 개발자들에게 먼저 공개한 후 8월에 '라마2Llama2'를 무료로 공개했다.

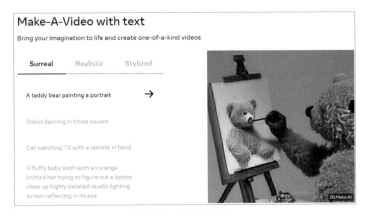

메타의 메이크 어 비디오로 만든 '초상화를 그리는 테디베어'

페이스북(메타)의 인공지능 서비스의 수준이 낮은 건 아니다. 오히려 더 주목받는 부분은 2022년 공개한 '메이크 어 비디오'다. 이는 텍스트 입력만으로 인공지능이 영상을 만들어 주는 비디오 생성기로, 단순한 편집이 아니라 새로운 이미지를 만들어서 움직이게까지 한다는 게 특징이다. 아쉽게도 아직 일반인들에게 공개되어 있지는 않다(구글에서도 Imagen Video라는 이름의 AI를 가지고 있다).

애플

 애플의 시리에 대해 이야기해 보자

 애플의 시리(Siri)는 아이폰, 아이패드, 맥 및 애플 왓치와 같은 애플 장치에 통합된 가상비서입니다. 자연어 처리 및 머신러닝을 사용하여 알림 설정, 메시지 전송, 전화 걸기, 질문 답변과 같은 사용자 요청에 응답합니다. 또한 시리는 다른 애플 서비스 및 타사 앱과 통합되어 다양한 기능을 제공합니다. 시리는 새로운 기능과 개선사항으로 지속적으로 업데이트되므로 애플 생태계의 핵심 요소가 됩니다.

애플의 인공지능인 시리Siri는 2011년 10월, 아이폰 4S와 함께 공개되었다. 시리는 원래 애플에서 만든 인공지능이 아니라 스탠포드국제연구소SRI에서 만든 서비스였다. 초기에는 앱스토어에

응용프로그램으로 등록되었으나 2010년 4월 애플이 인수한 후 애플 전용으로 등록되며 다른 플랫폼에서의 탑재는 중단되었다. 시리를 만들었던 다그 키틀로스는 애플 퇴사 후 비브랩스를 설립했는데, 비브랩스는 2016년 삼성전자에 인수되었다. 시리에 적용된 음성 인식 엔진을 제공한 뉘앙스라는 회사는 2021년 MS에 197억 달러(약 22조 1,600억 원)에 인수되었다.

이 내용을 보면 시리는 성장동력을 잃어버린 것처럼 보인다. 시리의 가장 큰 문제는 애플의 폐쇄성에 있다. 애플의 아이폰, 맥북, 홈팟 스피커 등 애플의 제품들을 쓰는 사람들에게는 시리만한 인공지능이 없겠지만 새롭게 주목받고 있는 대화형 인공지능들에 비해 시리는 매력적인 부분이 아직 없다. 만약 애플에서 별다른 대응없이 지켜보기만 한다면 애플은 인공지능이 가져올 많은 기회를 놓쳐 버릴지도 모른다.

바이두, 알리바바

 바이두의 인공지능에 대해 알고 있는 걸 이야기해 줘.

 바이두는 AI 기반 서비스를 포함하여 광범위한 제품과 서비스를 제공하는 중국 기술 회사입니다. 바이두의 AI 서비스에는 컴퓨터 비전, 자연어 처리, 음성 인식, 기계학습 등 다양한 AI 기술을 위한 플랫폼을 제공하는 Baidu Brain이 포함됩니다. 바이두는 또한 금융, 운송 및 의료와 같은 산업을 위한 AI 기반 서비스를 제공합니다. 바이두의 가장 인기 있는 AI 제품 중 하나인 Duer는 스마트 스피커, 가상비서 및 홈 자동화 장치와 같은 다양한 애플리케이션에 음성 기반 인터페이스를 제공하는 대화형 AI 플랫폼입니다.

미국에 구글이 있다면 중국에는 바이두가 있다. 바이두 역시 꾸준히 인공지능을 발전시켜 왔으며 2019년 인공지능 'PLATO'를 발표했다. PLATO는 자연어를 인식해 '오늘 너무 추워'라고 하면 '맞어, 오늘 기온이 10도까지 내려가'라는 식으로 대화를 이어갈 수 있다.

바이두가 챗GPT와 구글의 대전을 보며 가만있을 리 없다. 바이두는 PLATO-3를 기반으로 한 대화형 인공지능 '어니봇ErnieBot'을 2023년 3월 발표했다. 다만 녹화된 영상을 발표한 것이었고, 정치 문제에 대해서는 답변하지 못했다. 어니봇은 이런 점에서 활용도가 제한적일 것으로 보인다.

중국의 1세대 기업 중 하나인 알리바바도 2023년 4월 자체 인공지능인 통이치엔원을 발표하고, 11월에는 통이치엔원 2.0을 공개했다. 최고의 이커머스 기업인 알리바바가 준비되어 있는 고객의 데이터를 바탕으로 더 맞춤화된 인공지능 서비스를 제공할 것이라는 믿음이 있기 때문에 시장의 반응은 긍정적이다. 알리바바는 2023년 9월에 챗봇 '큐원-14N'을 발표하기도 했다.

네이버

미국에 구글, 중국에 바이두가 있다면 우리나라에는 네이버가 있다. 네이버는 2021년 '하이퍼클로바'라는 이름의 초거대 AI를 공개했다. 하이퍼 클로바는 '최초의 한국어 초거대 언어모델'을 내세우고 있으며, 한국어 데이터 양은 GPT-3 대비 6,500배나 된다고 한다. 이를 통해 '맥락을 이해하는 자연스런 대화' '창작을 도와주는 글쓰기'가 가능하다. 창작을 도와주는 글쓰기는 말 그대로 간단한 홍보 문구나 카피 등을 만들어 내는 기능이다. '정보요약' 역시 하이퍼클로바의 장점이다.

네이버에서 언급한 바에 따르면 '초등학생에게 선행학습이 필요한가?'라는 질문에 대해 하이퍼클로바는 검색 결과로 나온 문서를 요약해서 제시해 준다. 그리고 이 기술들은 이미 네이버의 인공지능 스피커 '클로바', 인공지능과 대화하여 정보를 검색하는 '지식인터렉티브 서비스'로 보여주고 있다. 녹취록을 만들어 주는 음성기록 서비스 '클로바 노트' 역시 하이퍼클로바 기술이 적용되어 대화 내용을 요약해 준다.

이런 기술을 모두 가지고 천천히 대중들에게 공개해 나가던 네이버 역시 챗GPT 공개 후 속도가 빨라지고 있다. 2023년 하반기에 네이버는 챗GPT와 유사한 '하이퍼클로바X'와 빙과 유사한 'Cue:'를 각각 선보였다.

카카오

여기까지 흐름을 이어가다 보면 '그런데 카카오는 뭘 하고 있지?'라고 생각할 수 있다. 카카오 역시 인공지능 사업을 꾸준히 진행해 오고 있다. 2017년 설립된 카카오의 인공지능 서비스 '카카오브레인'은 2021년 11월 한국어 초거대 AI 언어모델 'KoGPT'를 공개했다. 네이버의 하이퍼클로바 공개 후 6개월 만이다. KoGPT의 매개변수는 60억 개로, GPT-3와 하이퍼클로바에 비해서는 적은 편이다. 2023년 3월 카카오 역시 KoGPT를 활용한 '코챗GPT'를 출시할 예정이라고 밝혔다. 코챗GPT는 카카오톡 채팅창에서 쓸 수 있는 AI 비서 조르디와는 별개로 카카오브레인의 자체 챗봇 서비스가 될 전망이다.

카카오의 인공지능 기술도 상당히 발달해 있다. 이미 공개되어 있는 영화나 상품 등의 리뷰 댓글을 보고 긍정·부정을 평가할 수 있고, 긴 글을 요약할 수 있으며, 글을 작성하는 것도 가능하

카카오브레인의 인공지능 'KoGPT'

다. 2022년 8월에는 53편의 시가 수록된《시를 쓰는 이유》라는 시집을 출간했고, 같은 해 10월에는 간단한 텍스트를 입력하면 인공지능이 그림을 그려주는 'B^Discover(비 디스커버)' 앱을 출시했다.

LG

LG AI연구원은 2021년 '엑사원**EXAONE**'이라는 이름의 초거대 AI를 공개했다. 엑사원은 하이퍼클로바와 다르게 처음부터 한국어와 영어 데이터를 학습했다. 2022년에는 '엑스퍼트 AI 얼라이언스'를 출범했는데, 여기에는 구글, 우리은행, 셔터스톡, EBA, LG전자 등 다양한 산업군이 함께하고 있다.

LG전자와는 엄마와 아이가 함께 동화 스토리를 이야기하면 인공지능이 이해해 TV에 이미지로 보여주는 기능을 준비 중이고, 우리은행과는 엑사원을 활용해 AI 은행원을 만들 계획을 가지고 있다.

일반인들이 엑사원을 잘 알지 못하는 이유는 일반인들을 위한 모델이 없었기 때문인데. LG전자는 2023년 7월 엑사원 2.0을 공개하며 본격적으로 생성형 AI 시장에 뛰어들었다. 곧 다양한 서비스를 만날 수 있을 것으로 보인다.

삼성

 삼성의 인공지능 빅스비에 대해 이야기해 보자.

 삼성의 AI 기술인 빅스비는 삼성의 스마트폰, 스마트 냉장고 등 사물인터넷(IoT) 기기에 통합된 가상비서입니다. 빅스비는 자연어 처리(NLP) 및 기계학습 알고리즘을 사용하여 사용자에게 메시지 전송, 전화 걸기, 스마트 홈 장치 제어 등 다양한 작업에 대한 음성 활성화 지원을 제공합니다. 빅스비는 또한 컨텍스트 인식 검색을 수행하고 사용자의 습관과 선호도를 기반으로 추천을 제공할 수 있습니다. 빅스비의 목표는 사용자가 장치와 더 쉽게 상호 작용하고 전반적인 사용자 경험을 간소화하는 것입니다.

2016년 비브랩스를 인수한 삼성전자는 2017년 갤럭시 언팩 행사에서 갤럭시 S8과 함께 빅스비를 공개했다. 이후 2021년 빅스비 3.0 버전이 업데이트되었다. 빠른 속도와 정확도가 더해졌으며 갤럭시북 시리즈용으로도 출시되어 노트북에서도 사용이 가능해졌다. 다만 챗GPT처럼 대화 전용의 기능을 가지고 있지는 않다.

애플의 시리나 삼성의 빅스비 모두의 목표는 각자의 생태계 안에서 모든 것을 컨트롤할 수 있는 핵심적인 인공지능 비서가 되는 것이다. 문제는 이렇게 모든 것을 엮어 놓았지만 정작 사용하는 사람들이 그리 많지 않다는 데 있다.

챗GPT가 가져온 대화형 챗봇의 물결은 향후 출시될 빅스비 4.0에도 영향을 미칠 것으로 보인다.

03

인공지능,
어떻게 활용되고 있는가?

 챗GPT의 등장으로 인공지능에 대해 관심이 늘어나고 있는데, 인공지능의 활용 사례에 대해 정리해 줘.

 최근 몇 년 동안 기업들이 다양한 분야에서 AI를 활용한 눈에 띄는 사례가 많습니다. 몇 가지 예는 다음과 같습니다.

- 의료 : AI는 진단 및 치료 계획을 지원하기 위해 X-레이 및 CT 스캔과 같은 의료 이미지를 분석하는데 사용되고 있습니다. AI는 또한 환자 데이터를 분석하여 특정 질병의 고위험군을 식별하고 개인화된 치료 계획을 개발하는데 사용되고 있습니다.

- 소매 : AI는 쇼핑 경험과 권장사항을 개인화하고 가격 및 재고 관리를 최적화하며 공급망 효율성을 개선하는데 사용되고 있습니다.

- 금융 : AI는 사기 거래를 감지하고 금융 데이터를 분석하며 시장 동향을 예측하고 규정 준수 프로세스를 자동화하는데 사용되고 있습니다.
- 자율주행차 : 테슬라, 웨이모, 우버와 같은 회사는 AI를 사용하여 사람의 개입 없이 스스로 운전할 수 있는 자율주행차를 개발하고 있습니다.
- 로보틱스 : 아마존 및 보스턴 다이내믹스와 같은 회사는 AI를 사용하여 창고에서 물건을 선별하여 포장하는 것과 같은 작업을 수행할 수 있는 로봇을 개발하고 있습니다.
- 농업 : AI는 작물 수확량을 개선하고 비료 사용을 최적화하며 식물 질병을 감지 및 진단하는데 사용되고 있습니다.

이는 기업이 AI를 사용하여 운영 및 서비스를 개선하는 방법에 대한 몇 가지 예에 불과합니다. AI가 산업을 변화시킬 수 있는 잠재력은 엄청나며 앞으로도 계속해서 AI의 혁신적인 응용 프로그램을 점점 더 많이 보게 될 것입니다.

이제 인공지능을 사용하지 않는 분야를 찾기가 더 힘들다. 그럼에도 불구하고 지난 몇 년 동안 인공지능을 이용해 비약적으로 발전한 산업 분야의 사례들을 살펴보자. 물론 이외에도 훨씬 많은 사례들이 있겠지만, 여기에서는 각 분야별 대표적인 사례와 어떤 회사들을 주목하면 좋을지 살펴보기로 하자.

의료 분야

 의료 분야에서 적용되는 인공지능과 관련된 회사의 사례를 이야기해 줘.

 의료 분야에서도 인공지능이 다양하게 적용되고 있습니다. 한 가지 예는 방사선 전문의가 좀 더 정확한 진단을 내릴 수 있도록 AI가 X선, CT 스캔 및 MRI 이미지를 분석하는데 사용되는 의료 영상 분야입니다. 또 다른 예는 새로운 약물 표적을 식별하기 위해 AI가 대량의 유전자 및 분자 데이터를 분석하는데 사용되는 약물 발견 분야입니다.

의료 분야에서 AI를 활용하고 있는 기업 중 하나가 엔리틱 (Enlitic)으로, 딥러닝 알고리즘을 활용해 의료 영상을 분석하고 방사선 전문의가 좀 더 정확한 진단을 내릴 수 있도록 돕습니다. 또 다른 기업은 아톰와이즈로 AI를 이용해 대량의 화학 데이터를 분석해 신약후보물질을 발굴합니다.

최근 AI는 잠재적인 건강 문제를 의사에게 감지 및 경고하고, 환자 데이터를 추적 및 분석하고, 심지어 환자 진단 및 치료를 돕는 등 환자 모니터링 및 건강 관리 분야에서 활용되고 있습니다. IBM의 왓슨 헬스 및 베라사이트와 같은 회사는 AI 기술을 사용하여 의료 서비스를 보다 효율적이고 정확하게 만듭니다.

의료 분야에서 인공지능의 역할은 크게 의사들의 업무를 돕는 영역과 사람들의 건강을 관리하는 영역으로 분류해 생각해 볼 수 있다.

1) 의사들의 업무를 돕는 인공지능

인공지능과 관련된 의료 분야에서 가장 유명한 회사는 IBM이다. IBM의 대표적인 인공지능은 왓슨Watson이며, 이 중 헬스케어 분야에 특화되어 있는 왓슨 포 온콜로지Watson for Oncology는 다양한 의료정보를 분석해 의사들에게 제공해 주는 역할을 한다. 왓슨 포 온콜로지는 2016년 뇌암 환자의 유전체를 분석해 치료 계획을 수립하는데 10분밖에 걸리지 않았고, 2016년 국내 길병원에 최초 도입된 후 2021년 1월 경에는 의료진들의 의견과 90%의 정확도를 보일 정도였다. IBM 외에도 구글, MS, 인베디아의 Clara AI 등 많은 회사들이 이 분야에 뛰어들고 있다.

그런데 IBM은 2021년 1월 왓슨 헬스 사업부를 매각하기로 결정했다. 매각 이유야 여러 가지가 있겠지만 가장 직접적인 원인은 '수익성 악화'로 보인다. 여기에 각 국가별 지켜야 할 규정이 제각각이며, 의료 데이터의 수집 역시도 지장이 있었을 것으로 보인다.

2020년 11월에는 환자들의 폐 엑스레이 사진을 분석해 코로나바이러스에 감염이 되었는지 아닌지를 식별해 내는 'DeepCOVID-XR'이라는 플랫폼이 출시되었다. 수천 장의 엑스레이 사진을 보고 환자를 찾아내는 일을 수행했는데, 흉부방사선과 전문의보다 10배나 더 빠르게 환자를 찾아냈다. 이런 작업은 전문성이 필요하지만 단순작업이다 보니 의사가 작업을 하게 되면 피로감은 극대

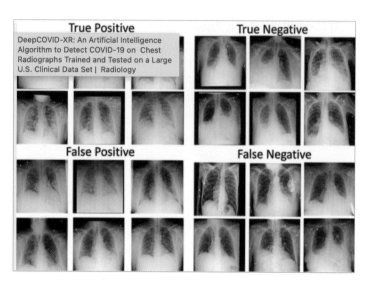

전문의보다 10배나 더 빠르게 환자를 찾아낼 수 있는 DeepCOVID-XR

화될 수밖에 없다. 인공지능이 제일 잘하는 일에 투입되어 성과를 올린 좋은 예 중 하나다.

우리나라에서도 이미 정부 주도의 R&D 사업으로 '닥터앤서'라는 이름의 의료 인공지능이 2018년부터 성장해 왔다. 1.0 개발이 끝난 후 2024년까지 폐렴, 당뇨, 고혈압, 뇌경색 등 12대 질환을 인공지능으로 확인할 수 있는 것을 목표로 하고 있다.

2) 사람들의 건강을 관리하는 인공지능

헬스케어 분야는 1인 가구가 늘어갈수록 필요한 부분인데, 네이버는 독거노인들을 위한 AI 콜 서비스 '클로바 케어콜'을 2021년 5월 정식 오픈했다. 네이버가 가진 초거대 AI '하이퍼클로바'를 기반으로 개발되었고, 다양한 주제로 대화가 가능한 게 특징이다. 주로 하는 일은 돌봄을 필요로 하는 노인들에게 전화(콜)를 걸어 대화하고 안부를 확인하는 것이다.

2022년에는 기능 업데이트를 통해 이전에 했던 대화 중 '건강' '식사' '수면' 등 주요항목을 기억했다가 '요즘 건강은 괜찮으세요?' 등으로 자연스럽게 대화를 할 수 있다. 이런 기능 역시 '자연어 처리'는 물론 '음성 대화' 인공지능 기술이 접목된 덕분이다. 바로 이런 부분이 챗GPT와 같은 생성형·대화형 인공지능이 조금 더 힘을 발휘할 수 있는 분야이다.

네이버 '클로바 케어콜' 시연 장면

사람과의 대화를 통해 외롭지 않게 돕는다는 점에서 보면 스캐터랩의 '이루다 챗봇'도 주목할 만하다. 이루다는 '열린 주제 대화형 인공지능Open-domain Conversational AI'이라는 다소 긴 이름을 가지고 있는데, 챗GPT나 구글의 인공지능처럼 '뛰어난 비서' 역할을 목표로 하기보다 22살 대학생, MBTI는 ENFP라는 설정값을 가지고 일상의 대화 중심으로 활동한다. 2022년 1월부터 베타 테스트를 시작했고, 같은 해 5월 '너티Nutty'라는 이름의 메신저 앱을 통해 대화를 나눌 수 있게 되었다.

너티는 대화에 초점이 맞추어져 있어 '오늘 날씨는?'이라고 물으면 '오늘 쌀쌀하대!'라고 대답하고, '챗GPT에 대해 이야기해 줘'라고 물으면 '그게 뭐야, 난 그런 거 모르는데?'라고 답한다. 처음 이루다와 이야기를 주고받을 때에는 '왜 인공지능하고 친구처럼 대화를 해야 하는 거지?'라는 생각이 들었지만 '심리 상담'으로 생각을 돌리니 확장성이 보였다.

'말의 시대'에서 '채팅의 시대'로 변화되고 있는 지금, 친구들과 전화보다 카카오톡으로 대화를 하는 게 더 자연스러운 아이들의 경우 자신들의 고민을 편하게 털어놓을 수 있고(관련된 내용에 대한 비밀이 지켜진다는 보장 아래), 독거노인들은 친손녀에게 이야기하듯 다정하게 대화를 나눌 수 있게 된다.

닥터앤서와 같은 인공지능이 의사들의 업무를 돕는다면, 일반인들의 몸과 마음의 건강을 관리하는 이루다와 같은 인공지능 역시 당분간 꾸준히 성장할 것으로 보인다.

리테일(유통) 분야

 리테일 분야에서 인공지능이 적용된 회사의 사례를 3개 정도 이야기해 줘.

 1. Amazon : 아마존은 온라인 쇼핑 플랫폼을 운영하며, 인공지능을 활용하여 사용자들이 검색한 제품을 추천하고, 장바구니에 담긴 제품을 추천하는 기능을 제공한다.
2. H&M : H&M는 인공지능을 활용하여 온라인 쇼핑 플랫폼에서 사용자들이 선호하는 스타일을 분석하여 추천하는 기능을 제공한다.
3. Zara : 자라는 인공지능을 활용하여 상점에서 사용자들이 선호하는 제품을 분석하여 추천하는 기능을 제공한다. 또한 인공지능을 이용하여 생산수량과 재고를 관리하는 기능도 제공한다.

리테일 분야에서 인공지능은 전방위적으로 활용되고 있다. 챗GPT가 이야기했듯 대표적인 사례는 아마존이다. 사용자들에게 기존에 구매했던 제품이나 나이대에 기반한 제품을 추천해 주고, 장바구니에 담은 제품을 기반으로 새로운 제품을 추천해 주기도 한다.

아마존의 인공지능 브랜드는 '알렉사'로, 알렉사를 구동하기 위한 에코 스피커는 전 세계 스마트 스피커 시장의 30% 이상 점유율을 가지고 있다. 국내에서는 안 되지만 미국에서는 알렉사를 음성으로 호출해 물건을 주문할 수 있다.

구매자 입장에서의 인공지능 활용이 끝났다면 이제는 고객이 주문한 제품을 고객에게 배송하는 절차에서의 활용이 남아있다. 리테일 업체들에게 가장 중요한 건 재고관리다. 적절한 재고를 미리 확보해 놓고, 고객에게 물건을 전달하는 거리도 산정해야 한다. 그래야 빠른 배송이 가능하기 때문이다. 아마존의 인공지능은 배송을 위한 경로 최적화, 재고관리, 제품을 포장하기 위한 패키지 분류, 물류센터 기기들의 유지관리시간 확인 등 다양한 일들을 하고 있다.

뿐만 아니라 아마존의 물류센터에서는 '키바'라는 이름의 로봇이 2012년부터 도입되어 인간과 함께 일을 하고 있다. 아마존 외의 많은 회사들도 물류센터에 인공지능과 로봇을 도입한 상태다.

교통, 모빌리티 분야

 교통 분야에서 인공지능이 적용된 사례를 3가지 이야기해 줘.

1. 자율주행 차량 : 인공지능 기술을 사용하여 자율주행 차량을 개발하는 기업들이 있습니다. 이러한 자율주행 차량은 주행경로를 인식하고 운전자의 명령을 수행하며, 안전성을 향상시킵니다.

2. 대중교통 : 인공지능을 사용하여 대중교통의 효율성을 향상시키는 사례가 있습니다. 예를 들어 인공지능을 사용하여 버스나 지하철의 노선을 재조정하거나, 승객의 위치를 추적하여 그들이 필요한 교통수단을 제공하는 것이 가능합니다.

3. 공항 : 인공지능을 사용하여 공항의 운영을 효율적으로 관리하는 사례도 있습니다. 인공지능을 사용하여 탑승객의 정보를 인식하고, 자동으로 여권을 인식하며, 탑승객을 공항 내부로 이동시킵니다.

1) 교통 분야

교통 분야에서는 이미 다양한 곳에서 인공지능이 자리잡고 있다. 특히 지능형 CCTV 영역의 경우 배회, 침입, 쓰러짐, 싸움, 유기, 방화, 마케팅의 7가지 CCTV 인증 영역에 있어 큰 힘을 발휘한다.

우리나라의 행정안전부에 따르면 국내 공공기관의 CCTV 설치 대수는 2019년 기준 114만대이며, 1명이 관리하는 CCTV는 271대에 달한다고 한다. 그런데 1명이 271대의 CCTV를 본다는 건 불가능에 가깝다. 따라서 이 부분이 인공지능으로 대체되면 더 많은 사건·사고를 예방할 수 있게 된다. 국내 UST(대전 과학기술

지능형 CCTV는 사람의 이상행동까지 알아내 신고까지 자동으로 해준다.

연합대학원대학교)에서는 이상행동을 감지하고 신고하는 인공지능 CCTV를 개발했다.

CCTV의 발전은 적은 인원으로 사건·사고를 감지해 좀 더 안전하게 지낼 수 있다는 장점이 있는 반면, 국가의 감시체계가 더 세밀해질 수 있다는 단점이 있다. 중국의 경우 톈왕(천왕)이라는 이름의 범죄자 추적시스템을 가지고 있다. 얼굴 인식이 가능한 인공지능 CCTV가 경찰의 데이터베이스와 연결되어 범죄자를 확인하는 시스템인데, 정부기관에 반대하는 사람들을 즉시 확인할 수 있다는 부정적인 면도 가지고 있다.

도시를 구성하는 인프라에 해당하는 건 CCTV뿐만이 아니다. 교통을 통제하는 신호등에 쓰이고, 주차공간을 찾는 데에도 쓰일 수 있다.

2) 모빌리티 분야

이번에는 운전자 측면에서 생각해 보자. 자동차를 운전하는 방식은 점점 사람 중심에서 인공지능 중심으로 바뀌고 있다. 구글 알파벳 산하의 웨이모는 인간이 운전하지 않는 무인자동차 시스템을 만들고 있고, 테슬라는 인간의 개입을 최소로 하는 인공지능 자율주행 서비스를 업데이트하고 있다. 이처럼 자율주행에 인공지능이 쓰이는 긴 너무 당연한 일이라 새롭지 않다.

그런데 자동차가 혼자서 주행하게 되면 사람은 무엇을 해야 할까? 자율주행이 이슈가 되면서 항상 회자되었던 질문이다. 이에 대해서는 다른 사람이 운전하는 자동차를 탔을 때를 생각해 보면 된다. 대부분의 사람들은 스마트폰으로 유튜브를 보거나 게임·쇼핑을 하거나 인터넷 검색을 하는데 시간을 보낸다.

그럼 혼자 운전하는 경우에도 자율주행차에게 모든 것을 맡겨 두고 'LOL(롤)'과 같은 게임을 할 수 있을까? 그건 불가능하고 불법이다. 지속적으로 핸들에 손을 두어야 하고 전방주시를 해야 하기 때문이다. 아예 운전에 신경쓰지 않아도 되는 건 앞으로 10년은 넘게 있어야 할 것이다. 이때 대화형 인공지능은 좋은 말벗이 될 수 있다.

이미 메르세데스 벤츠에는 MBUX 음성 어시스턴트가 탑재되어 있어 '안녕 벤츠'라고 부르면 대답하고, 간단한 명령으로 네비게이션, 온도조절 등을 할 수 있다. 인상적인 건 어느 정도의 '자연어'를 인식한다는 점이다. 예를 들어 '추워'라고 이야기하면 온도조절을 해주는 식이다.

운전자와의 대화라는 점에서 가장 인상적인 차량용 인공지능 비서는 중국의 테슬라로 불리는 니오의 '노미'다. 노미는 대시보드에 동그란 형태로 존재하는데 운전자와 대화를 할 때마다 눈을 깜빡이거나 윙크를 하는 등 수준급의 의사표시를 전달한다.

니오의 인공지능 비서 '노미'

현실적으로 볼 때 자동차 제조사들의 경우 운전에만 신경쓰는 인공지능을 만들기도 바쁘다. 언제 사람과 대화하는 자연어 생성형 인공지능까지 만들겠는가. 바로 이 부분이 안드로이드 오토, 애플의 카플레이, 삼성의 빅스비, 아마존의 알렉사, 네이버, 카카오, SKT, KT의 음성 인식 인공지능이 쓰일 수 있는 부분일 것이다. 여기에서 특히 더 빠르게 성장할 수 있는 건 구글, 애플, 삼성이다. 자신이 쓰고 있는 스마트폰을 차량과 연결시켜 놓으면 정보와 엔터테인먼트 부분, 즉 인포테인먼트에 강한 장점을 제공할 수 있기 때문이다.

제조, 스마트 공장 분야

 제조 분야에서 인공지능이 사용되는 사례를 3가지 이야기해 줘. 대표적인 회사로.

 1. GE(General Electric)는 제조 공정에서 AI를 사용하여 효율성을 개선하고 생산을 최적화합니다. 그들은 기계학습 알고리즘을 사용하여 장비의 센서 데이터를 분석하고, 유지보수가 필요한 시기를 예측하여 가동중지시간을 줄이고 생산성을 높입니다.

2. 보쉬(Bosch)는 AI를 사용하여 제품 품질을 개선하고 제조 프로세스의 효율성을 높입니다. 그들은 컴퓨터 비전을 사용하여 제품의 결함을 검사하고 기계학습 알고리즘을 사용하여 공급

3. 지멘스(Siemens)는 AI를 사용하여 제조 프로세스의 성능과 효율성을 개선합니다. 그들은 기계학습을 사용하여 생산라인을 최적화하고 가동중단시간을 줄이며 제품 품질을 개선합니다. 또한 AI를 사용하여 유지관리 요구사항을 미리 예측하여 생산 중단을 줄입니다.

제조 분야의 경우 공장에 있는 모든 것들에 대해 인공지능을 활용해 제어하고 통제하고 있으며, 사람과 함께 협업해 일하는 시스템들이 갖추어져 있다고 생각하면 된다. 공장 자동화와도 떼어 생각할 수 없다. 한마디로 공급망, 물류 최적화, 안전과 보안 등 모든 곳에서 인공지능이 사용되기 때문이다. 그렇다면 인간 없이 인공지능과 로봇만으로 공장이 운영될 수 있을까?

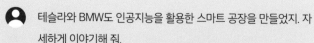

테슬라와 BMW도 인공지능을 활용한 스마트 공장을 만들었지. 자세하게 이야기해 줘.

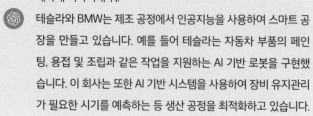

테슬라와 BMW는 제조 공정에서 인공지능을 사용하여 스마트 공장을 만들고 있습니다. 예를 들어 테슬라는 자동차 부품의 페인팅, 용접 및 조립과 같은 작업을 지원하는 AI 기반 로봇을 구현했습니다. 이 회사는 또한 AI 기반 시스템을 사용하여 장비 유지관리가 필요한 시기를 예측하는 등 생산 공정을 최적화하고 있습니다.

BMW는 컴퓨터 비전을 사용하여 자동차 부품을 검사하고 AI 구동 로봇을 사용하여 용접 및 도장과 같은 작업을 수행하는 등 제조 공정에서 AI 구동 시스템을 구현했습니다. 또한 BMW는 AI를 사용하여 공급망과 물류를 최적화하여 효율성을 개선하고 비용을 절감하고 있습니다.

2018년 테슬라는 100% 완전 무인화·자동화를 꿈꾸며 미국 캘리포니아의 프리몬트 공장을 열었다. 수백 대의 로봇 군단이 움직일 것으로 예상했던 이곳은 성공하지 못했는데, 그 이유는 작은 시스템 오류로도 공장 전체가 멈추는 일들이 발생했기 때문이다. 결국 일론 머스크는 '인간을 너무 과소평가했다'며 실수를 인정했다.

공장에서 인공지능이 쓰이는 일은 이제 너무 당연한 일이 되었다. 그런데 대화형 인공지능이 보다 적극적으로 도입되면 어떤 일들이 가능해질까? 문제가 생겼을 때 서로 다른 국적의 직원들이 알아들을 수 있는 언어로 보고를 해줄 수 있고, 반대로 직원들 역시 여러 시스템에서 발생할 수 있는 문제와 해결책에 대해 인공지능과 소통하면서 함께 문제를 해결할 수 있게 된다.

교육 분야

 인공지능이 교육 분야에 활용되는 사례는 너무 많은데, 이 중에서도 맞춤형 학습과 관련된 사례는 뭐가 있을까?

 교육 분야에서 AI가 학습을 개인화하는데 사용되는 많은 예가 있습니다. 한 가지 예는 학생의 성과 및 행동에 대한 데이터를 사용하여 각 학생에 대한 맞춤형 수업 계획 및 활동을 만드는 AI 기반 적응형 학습 플랫폼의 사용입니다. 또 다른 예는 학생의 특정 요구에 따라 일대일 교육 및 지원을 제공할 수 있는 AI 기반 튜터링 시스템의 사용입니다. 또한 AI는 교육 분야에서 책, 비디오, 기사와 같은 학습자료에 대한 개인화 추천을 제공하는 데에도 사용될 수 있습니다.

개인화된 학습을 위해 AI를 활용하는 교육기관의 한 예는 Carnegie Learning입니다. AI 기반 튜터링 시스템을 사용하여 각 학생의 학습 요구에 적응하고 개인화된 교육을 제공합니다. 또 다른 예로 Knewton은 AI를 사용하여 학생의 성과 데이터를 분석하고 자료 및 활동에 대한 맞춤형 권장사항을 제공함으로써 학생의 학습을 개인화합니다.

인공지능을 활용해 단기간에 가장 많은 성장을 할 수 있을 것으로 기대되는 곳은 교육 분야이다. 아울러 가장 많은 일자리의 변화가 일어날 것으로 예상되는 분야이기도 하다. 학생들에게 가장 좋은 교육은 맞춤교육이다. 하지만 이를 위해서는 학생 개개인들의 학습 수준을 알아야 하고, 어떤 과목이 취약한지를 파악해 지속적이고 반복적인 학습을 시켜야 한다. 바로 여기에 가장 잘 어울리는 것이 인공지능이다. 학생들의 질문에 대해 지루해하지 않고, 이해하지 못해도 화내지 않고, 여러 번 반복해 이야기해도 지치지 않기 때문이다. 아낌없이 비용을 지출할 수 있는 학습군 역시 학생들이다.

이 분야에서 기대되는 회사는 웅진씽크빅과 같은 에듀테크 회사들로, 이미 인공지능을 활용해 맞춤형 학습이 가능하기에 '가정교사'의 역할을 할 수 있는 대화형 인공지능이 적용되면 학습 만족도는 더 높아질 수밖에 없다. AI 기반 토익 교육 시대를 연 '산타토익'도 대표적인 곳인데, 아직 챗GPT와 같은 대화 방식이 적용되지는 않았다.

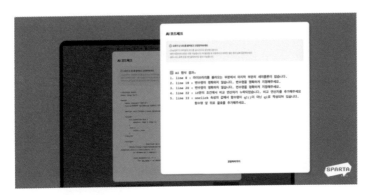

스파르타 코딩의 게시판 챗봇 적용 사례

스파르타 코딩은 커뮤니티 내 '즉문즉답' 게시판에 'AI 코드체크' 기능을 넣었다. 챗GPT의 API를 활용했기에 무엇이 틀렸는지를 바로 확인할 수 있다. GPT 활용의 좋은 사례다.

챗GPT의 공개 후 전 세계적으로 이미 이를 활용해 숙제를 하거나 논문을 작성하는 일이 문제가 되고 있다. 2023년 2월 국내 국제학교를 다니는 7명의 학생이 영문 에세이 작성에 챗GPT를 활용해 제출했다가 모두 0점 처리되었다. 만약 초등학생들이 이를 활용해 독후감을 작성한다면 어떨까? 너무 잘 쓴 글이라면 의심할 수 있겠지만, 아이들이 쓴 것처럼 수준을 낮춰달라고 해서 일부러 약간 틀린 글을 제출할 수도 있고, 인공지능이 쓴 글을 참고만 해서 낼 수도 있다.

이처럼 교육현장에서는 이미 창과 방패의 게임처럼 한쪽에서는 챗GPT로 문서를 작성하고, 다른 한쪽에서는 챗GPT가 작성한 글인지를 검증하는 기술이 발달하고 있다. 오픈AI 역시 이를 가려낼 수 있는 도구 클래시파이어Classifier를 만들었다.

인공지능이 발달하면서 이런 싸움은 계속될 것이다. 하지만 우리가 진짜로 고민해야 할 부분은 학생들에게 어떤 답을 요구할 것이냐가 아니라 인공지능을 활용하되 자신의 생각은 무엇인지를 답할 수 있는 질문을 만드는 데 더 많은 시간을 투자하도록 조언하는 것이다.

TIP

일상에서의 인공지능 활용

챗GPT의 등장으로 인해 갑작스럽게 인공지능이 우리 삶에 들어온 것처럼 보이지만, 이미 우리는 인공지능 속에서 살고 있었다. 아침부터 저녁까지 인공지능과 한시도 떨어지지 않는 삶은 오래전부터 이어졌지만 우리가 자각하지 못했을 뿐이다. 그럼 우리 주변에서 인공지능을 쉽게 활용해 볼 수 있는 예를 하나씩 확인해 보자.

1) 번역과 통역

누구나 쉽게 사용가능한 스마트폰의 강력한 번역 기능을 이용해 보자. '구글 번역'과 '네이버 파파고'가 대표적이다. 자연어를 번역해 주는 기능은 매년 빨라지고 정확해지고 있다. 지금 바로 앱을 설치하여 카메라를 켜고 실시간 번역 기능을 이용해 보고, 음성으로 번역을 해보자.

'구글 번역'과 '네이버 파파고' 앱을 이용해 번역과 통역을 자유롭게 해보자.

2) 이미지 검색

대부분의 커머스 회사와 검색 회사들은 스마트폰의 '렌즈'를 이용한 이미지 검색 기능을 가지고 있다. 현실세계의 사물을 카메라로 찍으면 해당 사물에 대한 가격을 보여주는 '네이버 쇼핑 렌즈'를 사용해 보자. '구글 렌즈'도 텍스트 변환, 쇼핑 등의 기능이 있으며, 이 중 '과제' 기능은 간단한 수학 문제를 사진으로 찍으면 해답을 알려준다.

'네이버 렌즈'와 '구글 렌즈'를 이용해 이미지 검색과 쇼핑에 이용해 보자

3) 받아쓰기

아이폰, 갤럭시 모두 훌륭한 음성 인식 기술을 가지고 있다. 인공지능 비서와 대화를 해야 한다는 강박관념에서 벗어나 간단한 받아쓰기를 이용해 보자. 평소 간단한 메모를 남길 때, 카카오톡을 보낼 때, 검색할 때 등 다양한 상황에서 이용할 수 있다. 네이버의 '클로바 노트' 앱을 이용하면 음성을 텍스트로 쉽게 변환할 수 있다.

스마트폰 키보드의 음성 기능을 이용하면 간단한 메모를 남길 수 있다. 또 '클로바 노트' 앱을 이용하면 음성을 텍스트로 쉽게 변환할 수 있다.

4) 사진보정 앱 – 스노우

우리가 자주 이용하는 사진보정 앱은 인공지능 기술이 많이 들어가 있다. 이 중 대표적인 앱 '스노우'는 자신의 얼굴을 다양한 모습으로 재구성해 주는 기술을 가지고 있다.

실시간 뷰티 효과와 트렌디한 AR 메이크업 효과를 낼 수 있는 사진보정 앱 '스노우' (출처 : 구글 플레이스토어)

5) 글쓰기 – 뤼튼

'인공지능과 함께 글쓰기 훈련을 한다'라는 컨셉으로 시작한 뤼튼을 이용해 보자. 어떤 글을 쓸지 주제를 정하면 인공지능이 글감을 찾아 제시해 준다.

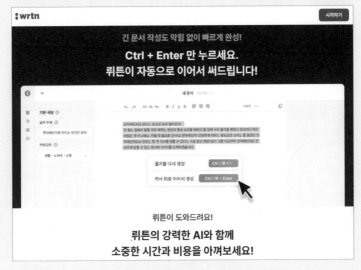

인공지능을 이용해 창의적인 콘텐츠를 만들 수 있는 AI 콘텐츠 생성 플랫폼 '뤼튼' (출처 : 뤼튼 홈페이지)

6) 이미지 생성 – 달리2, B-Discover

챗GPT는 사람과의 대화, 즉 자연어를 이해하고 자연어로 대답을 생성한다. 마찬가지로 자연어를 이해하고 그림으로 생성하면 이미지 생성 인공지능이 된다. 이 중 가장 유명한 건 오픈AI의 '달리2'다. 어떤 단어를 입력하더라도 꽤 괜찮은 그림을 그려낸다. 한 달 기준으로 15크레딧이 무료로 주어지는데 크레딧을 다 쓰면 추가로 구매할 수 있다.

카카오브레인의 'B-discover'는 특별한 제한없이 이용할 수 있다. 스마트폰에서 앱을 다운받은 후 몇 가지 영어 키워드를 넣으면 이미지를 생성해 준다.

인공지능을 이용해 그림을 그릴 수 있는 'DALL-E2'와 'B-discover'

7) 스마트폰에서 배경 지우기

아이폰과 갤럭시 모두 가장 최신 버전의 업데이트를 통해 배경 지우기 기능을 이용할 수 있다(기종에 따라 차이는 있다). 사용하는 법은 둘 다 동일하고 쉽다. 원하는 사진을 손가락으로 꾸욱 누르고 있으면 피사체가 선택되는데, 이때 이미지 저장을 누르면 배경이 지워진 이미지를 다운받을 수 있다.

스마트폰에서 배경 지우는 방법

PART
4

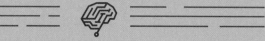

알아두면 유익한
AI 지식

01

꼭 알아야 할
인공지능 용어

인공지능, 특히 챗GPT를 이야기할 때 빠지지 않고 등장하는
용어들이 있다. 대표적인 몇 가지 용어를 살펴보자.

자연어 처리

> 👤 챗GPT를 설명할 때 항상 따라다니는 '자연어 처리'에 대해 설명
> 해 줘.
>
> ⑨ 자연어 처리(Natural Language Processing, NLP)는 컴퓨터
> 프로그램을 이용하여 인간의 언어를 이해하고 처리하는 기술입
> 니다. 자연어 처리는 음성 인식, 기계 번역, 인공지능 대화 등 다

양한 분야에서 사용됩니다. 자연어 처리를 하기 위해서는 언어학, 컴퓨터 과학, 수학 등 다양한 분야의 지식이 필요합니다. 자연어 처리 기술은 인공지능과 관련이 많으며, 인공신경망 기반의 자연어 처리 모델을 사용하는 경우가 많습니다.

여기에서의 '자연어'란 사람의 언어를 말한다. 사람이 하는 말을 인공지능이 알아듣기 위해 처리하고, 다시 사람에게 전달하기 위해 자연어를 처리하는 것들을 의미한다. 따라서 자연어를 처리한다는 건 인공지능이 잘 이해한다는 뜻이다. 자연어 처리로 생성한 대화는 사람들이 사회생활에서 사용하는 것과 비슷하기 때문에 사람과 자연스럽게 대화가 가능해진다.

컴퓨터 비전

 얼굴 인식, 이미지 검색 등에 사용되는 기술을 컴퓨터 비전이라고 하는데, 이에 대해 이야기해 보자.

 컴퓨터 비전(Computer Vision)은 컴퓨터 프로그램을 사용하여 이미지 및 비디오를 인식하고 분석하는 기술을 말합니다. 일반적으로 컴퓨터 비전은 인간의 시각 인식을 모방하여 이미지를 이해하는 것을 목표로 합니다. 이미지 분석을 위해 사용되는 알고리즘에는 템플릿 매칭, 영역 분할, 이미지 보정 등이 있습니다. 컴퓨터 비전은 이미지 인식, 로봇, 자동차, 미래 인터넷을 위한 응용 프로그램과 같은 다양한 분야에서 사용됩니다.

컴퓨터 비전은 이미 많은 곳에서 쓰이고 있다. 말 그대로 인공지능이 세상을 바라보고 해석하는 것을 말하기에 카메라가 필수다.

스마트폰에서는 구글 렌즈, 네이버 렌즈 등에서 쓰이고, 주차장의 번호판 인식에서도 쓰인다. 물론 테슬라와 같은 자율주행차들도 컴퓨터 비전을 활용한다. 이외에도 의료 분야에서 폐 질환을 구분하기도 한다. 〈CES 2023〉에서 농업계의 테슬라라 불리는 '존디어'가 공개한 자율주행 파종기인 Exact Shot(이그잭트샷) 역시 센서와 컴퓨터 비전을 활용하고 있다.

이미지 생성 방식

 인공지능이 그림을 그려주는 이미지 생성 방식에 대해 이야기해 줘.

 AI가 이미지를 생성하는 방법 중 한 가지는 GAN(Generative Adversarial Networks)을 사용하는 것입니다. GAN은 새로운 이미지를 생성하기 위해 함께 작동하는 두 개의 신경망인 생성기와 판별기로 구성됩니다. Generator는 새로운 이미지를 생성하는 반면, Discriminator는 이미지를 평가하고 이미지가 실제인지 생성되었는지 확인합니다. Generator는 Discriminator로부터 받은 피드백을 기반으로 이미지 생성 능력을 계속해서 향상시킵니다. 이 프로세스는 실제 이미지 데이터 세트를 기반으로 사람, 동물, 풍경 등의 새로운 이미지를 생성하는데 사용할 수 있습니다. 또 다른 방법은 VAE(Variational Autoencoder)라고 합니다. VAE는 데이터의 기본 패턴을 인식하여 데이터 세트에서 새 이미지를 생성하는 방법을 학습할 수 있는 생성모델입니다. 이미지를 저차원 표현으로 변환하는 인코더와 이 표현을 다시 이미지로 변환하는 디코더의 두 부분으로 구성됩니다. VAE는 디코딩된 이미지와 원본 이미지 간의 차이를 최소화하여 학습됩니다.

인공지능으로 그린 그림은 2014년부터 등장했지만, 당시에는 성능이 떨어져 주목받지 못하다 2021년 DALL-E가 등장하며 대중화되기 시작했다. 2022년에는 DALL-E 2(달리2), Midjourney(미드저니), Stable Diffusion(스테이블 디퓨전)이 출시되었는데, 이들 모두 공통적으로 인간이 입력한 텍스트(자연어)를 이해하고, 그림으로 회신한다.

미드저니는 앞에서 이야기한 미술대회에서 1위를 한 인공지능

미드저니로 그린 그림. 4가지 중에서 선택하면 된다.

이다. 누구나 디스코드의 미드저니 커뮤니티에 가입 후 일정 정도 무료로 사용할 수 있었으나, 최근 가짜뉴스 이미지 생성에 이용되는 등 부작용이 많아지자 무료 버전을 제공하지 않고 있다.

DALL-E(달리)는 챗GPT를 만든 오픈AI에서 내놓은 서비스다. 2021년 달리가 나왔고 2022년 4월 2번째 버전인 달리2가 출시되었다. 처음 가입하면 50크레딧을 주고, 이후에는 매달 15크레딧을 무료로 받을 수 있다. 1크레딧은 이미지를 생성할 때마다 소요되는 비용이다. 더 많은 크레딧이 필요하다면 유료로 결제하면 된다.

스테이블 디퓨전은 2022년 8월 출시되었으며, 오픈소스로 공개되어 누구나 다운받아 자유롭게 사용할 수 있다. 하지만 고사양의 컴퓨터가 필요하고 설치가 까다로운 편이다. 다른 이미지 생성 서비스들과 다르게 수량 제한이 없다. 다음 사이트에서 간단하게 사용해 볼 수 있다(https://huggingface.co/spaces/stabilityai/stable-diffusion)

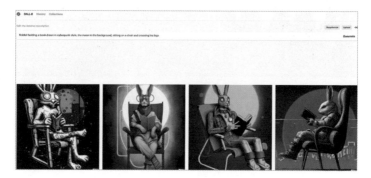

DALL-E 2로 그린 그림은 해상도가 1024×1024로 웹용, 문서용으로 사용할 수 있다.

허깅페이스(Hugging Face) 홈페이지에서 편리하게 스테이블 디퓨전을 이용해 볼 수 있다.

02

인공지능을
학습시키는 방법

 인공지능을 학습시키는 방법에 대해 이야기해 보자.

 인공지능(AI) 모델을 교육하는 방법에는 지도학습, 비지도학습, 반지도학습 및 강화학습을 포함하여 여러 가지가 있습니다.

지도학습은 가장 일반적으로 사용되는 방법으로, '레이블'이 지정된 데이터 세트에서 AI 모델을 교육합니다. 즉, 각 입력에 대해 올바른 출력 또는 레이블이 제공됩니다. AI 모델은 레이블이 지정된 데이터에서 관찰한 패턴을 기반으로 예측하는 방법을 학습합니다.

비지도학습은 AI 모델에 레이블이 지정된 데이터가 제공되지 않고 대신 입력 데이터에서 자체적으로 패턴과 구조를 찾아야 하는 방법입니다. 이 방법은 클러스터링 또는 차원 감소와 같은 작업에 자주 사용됩니다.

준지도학습은 지도학습과 비지도학습의 조합으로, AI 모델에 레이블이 지정된 소량의 데이터와 레이블이 지정되지 않은 대량의 데이터가 제공됩니다. 이 방법은 레이블이 지정된 데이터가 부족하거나 확보하는데 비용이 많이 드는 경우에 유용합니다.

강화학습은 AI 모델이 시뮬레이션 환경에서 행동에 대한 보상이나 벌칙을 받음으로써 시행착오를 통해 학습하는 방법입니다. 이 방법은 게임 플레이 또는 로봇공학과 같은 작업에 자주 사용됩니다.

위의 모든 방법은 인공지능 및 기계학습 모델을 교육하는데 사용되며 방법 선택은 해결하려는 문제와 보유한 데이터의 양에 따라 다릅니다.

인공지능을 학습시키기 위해서는 다양한 방법들이 있다. 알파고 이슈 이후에 출간된 다양한 책들에서 대부분 언급되었기에 여기에서는 아주 쉽게 '아, 이런 거구나'라는 개념 정도만 이해하자.

인공지능과 관련된 개발자가 아닌 이상 우리에게 필요한 건 이 분야에 대한 기초적인 이해와 대화가 가능한 수준이 목표다. 그럼 기계학습이 무엇인가에서부터 시작해 보자.

기계학습(머신러닝)

 기계학습에 대해 초등학생도 이해할 수 있게 설명해 줘.

 기계학습은 명시적으로 프로그래밍하지 않고 컴퓨터가 데이터로부터 학습하도록 가르치는 방법입니다. 예를 들어 사진에서 고양이와 개를 인식하도록 컴퓨터를 가르치고 싶다고 상상해 보십시오. 컴퓨터에 고양이와 개 사진을 많이 주고 라벨을 붙입니다. 그런 다음 컴퓨터는 이 데이터를 사용하여 스스로 고양이와 개를 인식하는 방법을 학습합니다.

아이들에게 동물을 인식하도록 가르치는 것과 같습니다. 당신은 그들에게 동물 사진을 보여주고 동물의 이름을 말할 것입니다. 시간이 지남에 따라 그들은 스스로 동물을 인식하는 법을 배웁니다. 마찬가지로 컴퓨터는 많은 예를 보고 자체적으로 패턴을 파악하여 고양이와 개를 인식하는 방법을 배웁니다.

기계학습Machine Learning은 말 그대로 '기계'를 '학습'시키는 방법을 말한다. 자녀들에게 공부를 시킬 때에도 주입식이 있고, 암기식이 있고, 자기주도방식이 있듯 기계(인공지능) 역시 마찬가지다.

기계학습 이전에 쓰인 방식은 '전문가 시스템'이다. 말 그대로 어떤 현상에 대해 전문가가 답을 하는 것처럼 미리 다양한 데이터를 입력해 두고, 사람이 질문을 던지면 이 중에서 맞는 데이터로 답변을 해주는 방식이다. 이때 문제는 사람들이 하는 음성이나 글이 모두 다르다는 것이다. 우리나라로 따지면 서울 말이 다르고, 제주도 말이 다르다. 더 큰 문제는 새로운 지식을 습득시키는데 또 다른 비용과 데이터를 끊임없이 필요로 한다는 데 있다.

이런 여러 가지 한계 때문에 등장한 방식이 기계학습이다. 기계학습은 우리가 직접 하나하나 가르치는 게 아니라 '컴퓨터가 스스로 다양한 규칙을 찾아낼 수 있게 하면 어떨까?'에서 출발했다. 이를 위해 필요한 건 수많은 데이터, 즉 빅데이터다. 예를 들어 기계학습에서는 수많은 데이터를 넣어 인공지능이 개와 고양이의 사진을 분석해 스스로 패턴을 파악하게 만든다. 개와 고양이의 사진을 각각 1개씩만 주고, 새로운 고양이의 사진을 보고 개인지 고양인지를 판단하게 한다면 어렵겠지만, 수천만 장의 사진을 통해 패턴을 학습시킨 후 판단하게 하면 그동안 학습된 고양이의 데이터를 바탕으로 고양이와 더 비슷한지 개와 더 비슷한지 쉽게 판단을 내릴 수 있다.

기계학습은 지도학습, 비지도학습, 강화학습으로 나눌 수 있다.

1) 지도학습

지도학습은 정답을 미리 알려주는 방법이다. 예를 들어 고양이와 강아지 사진을 입력할 때 '이 사진은 강아지야' '이 사진은 고양이야'라고 미리 적어서 알려주는 방식이다. 이렇게 적어주는 것을 '레이블'이라 한다. 정답지를 받은 인공지능은 고양이면 고양이, 강아지면 강아지만의 특징을 추출한 후 학습한다. 앞에서 언급한 수천만 장의 코로나 환자의 엑스레이를 학습한 후 어떤 환자의 엑스레이를 보고 코로나인지 아닌지 분류하는 것을 생각해도 좋다.

2) 비지도학습

비지도학습은 말 그대로 지도학습의 반대이다. 즉, 정답지를 주지 않는다. 그렇다면 인공지능은 어떻게 학습을 할까? 주어진 다양한 사진들을 보고 스스로 패턴을 발견해 비슷한 것끼리 모아서 분류하는 방식이다. 비슷한 것끼리 모았다면 이후 계속 분류하는 과정에서 불필요한 것들을 제거한다. 이 방식은 모두 기초 데이터가 주어진다는 점에서 수동적인 학습형태다.

3) 강화학습

강화학습은 시행착오를 통해 학습하는 방식이다. 강화학습의 가장 좋은 예는 벽돌깨기 게임이다. 인공지능에게 '파란색 막대를 움직여 빨간색 공을 튕긴다' '빨간색 공이 벽돌을 깨면 점수를 얻는다' 이 두 가지 규칙만 알려주고 어떻게 하면 점수를 많이 얻을 수 있는지는 스스로 결정하게 한다. 강화학습의 대표적인 사례는 알파고와 현대자동차가 인수한 보스턴 다이나믹스의 로봇을 들 수 있다.

이세돌 9단과 싸웠던 알파고는 '알파고 리', 커제와 대결했던 알파고는 '알파고 마스터'라고 하는데, 이들은 이세돌과 커제를 이기기 위해 지도학습을 했다. 반면 그 이후 버전인 '알파고 제로'에는 지도학습이 아닌 강화학습이 적용되었다. 한마디로 지도·비지도 학습에 필요한 '기보' 없이 바둑의 규칙만을 파악한 후 혼자 대국을 해서 학습하는 방식인데, 490만 회의 셀프 대국 이후 알파고 리와는 100판 전승, 알파고 마스터와는 89 대 11로 압도적 승리를 거두었다. 이후 강화학습은 꾸준히 활용되고 있다.

신경망

 신경망에 대해 설명해 줘.

 딥러닝은 컴퓨터 프로그램을 이용해서 데이터를 분석하고 이해하는 기술입니다. 그리고 그러한 분석을 하는 기술을 가진 컴퓨터 프로그램을 '신경망'이라고 합니다. 신경망은 뇌의 뉴런 구조와 비슷하기 때문에 이름이 신경망이 되었습니다. 신경망은 여러 개의 층(layer)로 이루어져 있으며, 각 층은 여러 개의 노드(node)로 이루어져 있습니다. 각 노드는 입력으로 들어온 데이터를 가공하여 출력하는데, 이러한 입력과 출력 사이의 연결을 가중치 (weight)라고 합니다. 이러한 신경망을 통해서 기계는 데이터를 분석하고 이해하는데 사용됩니다.

앞에서 한 번 이야기했던 내용이지만 다시 정리해 보자. 인공 지능을 학습할 때 빠지지 않고 등장하는 용어가 바로 '신경망'이 다. 신경망은 인간의 뉴런을 흉내 내서 만들어졌다. 우리가 사고 하는 방식을 생각해 보자.

어렸을 적부터 수많은 경험을 해오며 뇌 속에 저장되어 있는 내용들이 연결되어 우리를 움직이게 하고 살아가게 한다. 모든 의 사결정은 '뉴런'에 의해 이루어지는데, 뉴런들끼리는 '시냅스'를 통 해 서로 연결되어 있다.

인공신경망은 정보를 입력하고 다시 출력하는 과정에서 최적 의 값을 출력해 다른 신경망에 전달하며, 다시 또 다른 신경망에 전달하는 마치 인간의 뉴런과 비슷한 방식으로 사고를 할 수 있게 설계되어 있다. 인공신경망과 함께 기계학습의 한 종류로 떠오른 방법은 '딥러닝'이다.

딥러닝

 딥러닝과 기계학습의 차이는 뭐지?

 '기계학습'은 컴퓨터가 데이터를 보고 스스로 학습하는 것을 말합니다. '딥러닝'은 기계학습의 한 종류로, 컴퓨터가 여러 개의 층(layer)를 가진 네트워크를 사용해서 학습하는 것을 말합니다.
예를 들어 딥러닝을 사용해서 컴퓨터가 사진을 보고 고양이냐 강아지냐를 구분하는 것은 기계학습도 가능하지만 딥러닝을 사용하면 더 높은 정확도로 구분할 수 있습니다.

 챗GPT도 딥러닝 방식으로 학습을 했나?

 예. GPT는 변환기 아키텍처라는 기술을 사용하여 사람과 유사한 텍스트를 생성하는 딥러닝 모델입니다. 그것은 큰 텍스트 데이터세트에 대해 교육을 받았으며 그 앞에 나온 단어의 컨텍스트를 기반으로 문장의 다음 단어를 예측하는 방법을 배웁니다. 이를 통해 언어 번역, 요약 및 질문 답변과 같은 다양한 자연어 처리 작업에 사용할 수 있는 일관되고 유창한 텍스트를 생성할 수 있습니다.

딥러닝은 엄밀히 말해 기계학습의 하위개념이다. 기계학습에서 조금 더 깊게 공부를 시킨다고 생각하면 된다. 딥러닝의 가장 큰 장점은 사람이 개입할 부분이 적다는 데 있다. 딥러닝에서 다시 파생되는 개념들이 있는데, 사람의 손글씨와 얼굴을 인식하는

데 주로 쓰일 수 있는 CNN(Convolutional Neural Network, 합성곱신경망), 음성 인식과 번역에 사용되는 RNN(Recurrent Neural Network, 순환신경망) 그리고 GAN(Generative Adversarial Network, 생성적대립신경망)이 있다. 이 중 GAN은 2014년 이안 굿펠로우가 제안한 방법으로, 위조지폐범과 경찰의 사례로 많이 비유된다. 위조지폐범은 진짜 같은 가짜 지폐를 지속해서 만들어 내고, 경찰은 위조지폐와 진짜 지폐를 더 잘 구분할 수 있어야 한다. 이처럼 두 개의 네트워크를 만들어 속고 속이려 하는 방식을 통해 학습하게 만드는 방식이다. GAN의 등장 이후 생성형 모델의 시대가 시작되었다고 봐도 과언은 아니다.

03

연도별로 보는
인공지능의 역사

인공지능의 역사에 대해 이야기해 줘.

1950년부터 2020년까지의 인공지능의 역사는 다음과 같습니다.

- 1950년대 : 존 매카시가 캘리포니아 대학교에서 '정의와 알고리즘의 인공지능'이라는 주제로 열린 회의에서 '인공지능'이라는 용어를 처음 정의하였습니다.
- 1960년대 : 첫 번째 인공지능 프로그램이 개발되고, 자율주행 자동차, 의학 진단 등의 응용이 시작됩니다.
- 1980년대 : 인공지능의 새로운 연구 분야인 인공신경망이 등장하고, 이를 통해 컴퓨터 비전, 자연어 처리, 게임 AI 등의 기술이 발전하였습니다.

- 1990년대 : 웹의 등장으로 자연어 처리, 검색엔진, 검색시스템 등의 응용이 발전하고, 적용 분야도 확대되었습니다. 또한 머신러닝이라는 새로운 인공지능 기술이 등장하였습니다.
- 2000년대 : 머신러닝이 빠르게 발전하고, 구글, 넷플릭스, 아마존 등의 기업들이 인공지능 기술을 활용하여 새로운 제품 및 서비스를 개발하기 시작하였습니다.
- 2010년대 : 스마트폰의 등장으로 사용자의 일상생활에 인공지능이 더욱 확산되었습니다. 또한 딥러닝이라는 새로운 머신러닝 기술이 등장하여 이미지 인식, 자연어 처리 등의 기술이 더욱 발전하였습니다.
- 2020년대 : 인공지능이 적용된 빅데이터 분석, 자율주행, 바이러스 검출 등의 분야에서 기술이 더욱 발전하고 있습니다. 또한 온라인 교육, 원격 진료 등 코로나19 대안으로의 인공지능의 적용도 확대되어 있습니다. 또한 인공지능이 금융, 제조, 에너지, 건강 등 다양한 분야에서 활용되고 있으며, 인공지능 기술이 고가용성, 적은 오류율, 높은 효율성 등의 이점을 가지고 있기 때문입니다.

하지만 인공지능의 발전에 따른 민주적, 경제적, 사회적, 법적 문제도 발생하고 있습니다. 이러한 문제를 해결하기 위해 적절한 법제 제도, 정책, 지침 등의 개발이 중요하다는 것이 일관된 의견입니다.

전 세계의 기업과 정부, 교육기관 등이 인공지능 기술의 발전과 활용을 추진하고 있으며, 앞으로도 인공지능의 발전은 계속해서 진행될 것으로 예상됩니다.

인공지능의 역사는 알면 좋지만 억지로 공부해야 할 필요는 없다. 오히려 우리들에게 필요한 건 좀 더 넓은 관점에서 각각의 연도별로 중요한 일에 대해 확인하는 정도면 충분하다. 챗GPT가 이야기한 연도별 정리는 참고만 하고 지금부터 꼭 기억해야 할 대표적인 사건들을 살펴보자.

1950년대 ~ 1980년대의 인공지능

1950년대는 인공지능 연구가 본격적으로 시작된 시기로 봐야한다. 1950년대에 기억할 만한 이슈는 '존 매커시'와 '앨런 튜링'이다.

인공지능은 존 매커시를 빼고는 생각할 수 없다. 존 매커시와 그의 동료들은 1956년 열린 다트머스 회의에서 인공지능에 대한 용어를 처음으로 정의했다. 두 번째로 기억할 건 앨런 튜링이다. 영화 〈이미테이션 게임〉의 실제 모델인 앨런 튜링은 1950년 〈Computing Machinery and Intelligence(컴퓨팅 기계와 지능)〉이라는 제목의 논문을 발표했다. 이 논문에서 언급된 게 바로 기계와 인간을 구분하는 '튜링 테스트'다. 1950년에 언급되었던 튜링 테스트를 통과한 인공지능은 아직까지 없다. 2023년 하반기에 론칭될 GPT-4가 튜링 테스트를 통과할지도 모른다는 이야기가 있으니 이 부분은 기억해 두자. 참고로 튜링 테스트는 사람과 컴퓨터를 대화시킨 후 제3자가 봤을 때 누가 사람이고 누가 컴퓨터인지 모를 정도라면 이 컴퓨터는 인간 수준의 지능을 가진 것으로 판단하는 테스트다.

1960년대에는 'ELIZA(엘리자 혹은 일라이자)'라는 이름의 대화형 프로그램을 기억하자. 첫 번째 인공지능이라고도 할 수 있는데, 엘리자는 지금의 챗봇들처럼 비서의 역할이 아닌 '질문'에 초점이 맞추어져 있었으며 상담치료에 쓰였다. 아주 간단한 수준이었는데, 예를 들어 사용자가 '요즘 많이 힘들어'라고 이야기하면 '힘들어'라는 말을 감지한 후 '왜 힘들어 그런가요?'라는 미리 입력된 질문을 던지는 방식이었다.

1970년대는 우울했던 시기다. 이때를 '인공지능의 겨울^Al Winter' 이라고도 한다. 금방이라도 우리 곁에 인공지능 비서가 나타날 거라 여겼는데, 연구를 할수록 어렵고 복잡하다는 걸 알게 되었다. 결국 관심은 줄어들고 관련 예산 역시 줄어들었다. 이런 분위기는 1980년대까지 이어졌다.

1990년대의 인공지능

 그럼 구체적으로 1990년대의 인공지능에 대해 이야기해 줘.

 1990년대는 인공지능이 인터넷의 발전으로 더욱 널리 알려졌습니다. 이때부터 인공지능은 사람의 일상에서도 더욱 흔히 쓰이게 되었습니다. 이때 사용자 인터페이스, 검색엔진, 자연어 처리 등의 응용이 발전하였습니다.

 인간들이 인공지능에 대해 놀랐던 첫 번째 이슈는 IBM에서 만든 딥블루와 체스 챔피언 가리 카스파로프의 경기가 아니었을까? 이 경기를 설명해 줘.

 1997년에 IBM이 만든 인공지능 컴퓨터 프로그램인 딥블루가 세계 체스 챔피언 가리 카스파로프와 경기를 했는데, 딥블루가 이겼다는 것이 인간들에게 놀라움을 안겼습니다. 이 경기는 인공지능의 기술 진보에 대한 인식을 바꾸어 주었으며, 인공지능이 인간보다 일부 분야에서는 뛰어나다는 것을 보여주었습니다.

길었던 겨울이 지나고, 드디어 1990년대 들어 인공지능이 다시 관심을 받기 시작했다. 그 중심에는 IBM이 있었다.

1990년대 인공지능 중 가장 관심을 받은 건 IBM의 '딥블루'였다. 그동안 인간과 인공지능의 체스 시합이 없었던 건 아니었으나 언제나 승자는 인간이었다. 인공지능을 학습시키는 방법 중 하나인 미리 입력한 정답에 대해 빠르게 답을 찾는 전문가 시스템Expert

System은 1980년대에서 1990년대 초까지 쓰였으나 정해진 답만 할수 있었기에 정해지지 않은 변수에 대해서는 취약했다. 반전이 일어난 건 1996년이다. 1996년 딥블루는 세계 체스 챔피언 카스파로프와의 시합에서 1승을 거둔다(결과적으로는 패배했다). 그리고 1997년에는 승리를 거두며 사람들에게 충격을 줬다(딥블루에 쓰인 건 체스에 특화된 알고리즘과 머신러닝이었다).

더 재미있는 건 그다음이다. 1998년 카스파로프는 'The Future of Chess(체스의 미래)'라는 행사를 열었다. 컴퓨터 프로그램 6대와 체스 기사 6명이 한 팀이 된 시합이었다. 인간과 기계가 하나가 되었다는 뜻에서 '켄타우로스'라는 이름을 가지게 되었는데, 인간

1996년 IBM의 딥블루는 세계 챔피언 카스파로프와의 시합에서 1승을 거두었다. (출처 : BFM)

과 기계의 협업이 가능하다는 걸 증명한 행사였다.

2000년대의 인공지능

이후에도 인공지능에 대한 관심은 지속되었다. 금방이라도 인간을 닮은 인공지능이 우리를 돕거나 우리를 지배할지도 모른다는 희망과 절망이 공존했다. 이런 기대에도 무색하게 딥블루의 역할은 거기까지였다. 딥블루는 체스를 둘 수 있지만, 인간 세상의 다른 복잡한 문제점들을 해결하지는 못했기 때문이다.

기대가 실망이 되는 순간 투자금은 줄어들었고, 관련 산업은 더디게 발전하게 된다. 1970년대 인공지능의 겨울이 다시 돌아왔다.

지지부진하던 인공지능의 시대, 아무리 많은 데이터를 넣어도 세상 모든 변수에 대응하지 못한다는 한계를 극복하기 어려웠던 시기에 다시 새로운 해결책이 등장했다. 바로 '인공신경망'이다.

인경신경망에 대한 연구는 1950~1960년대부터 시작되었는데, 이 구상을 현실로 만드는 데에는 많은 문제가 있었다. 엄청난 양의 데이터와 컴퓨터 연산이 필요했는데 당시 기술로는 어려웠고, 가능하다 해도 기존의 연구방법에 비해 효과가 있는지가 의문이었다. 변화가 일어난 건 2000년대부터이다.

2000년대의 가장 큰 이벤트는 아무래도 2016년의 알파고와 이세돌의 시합이다. 하지만 시선을 2012년으로 먼저 돌려보자. 인공신경망 분야의 신봉자였던 제프리 힌튼 교수는 2006년 〈A fast learning algorithm for deep belief nets〉라는 논문에서 DBN(Deep Belief Networks)이라는 딥러닝 기술에 대한 연구를 발표했다.

이후 인공신경망 방식의 뛰어남을 주변에 알릴 방법이 필요했던 제프리 힌튼 교수는 2010년부터 시작된 인공지능의 이미지 인식 경진대회인 ImageNET(이미지넷 챌린지)에 주목한다. 이 당시는 아직 인공지능이 개와 고양이의 얼굴을 구분하지 못했을 정도로 인식률이 떨어져 있는 때였다. 2012년 제프리 힌튼 교수는 딥러닝 방식을 적용한 알렉스넷을 가지고 대회에 참가해 우승했다. 그이후부터 이미지넷 대회에서는 참여한 팀들 대부분이 딥러닝 방식으로 학습한 인공지능을 가지고 경쟁하게 되었다. 2015년에는 딥러닝을 통한 정확도가 더 높아져 오류율이 5% 정도밖에 되지 않았다. 비약적인 발전이었다.

이보다 한 해 앞선 2014년 2월 구글은 딥마인드를 4억 달러(약 4,800억 원)에 인수했고, 2015년 12월에 오픈AI가 설립되었다. 그리고 2016년 3월 구글 딥마인드는 지금도 회자되는 인류 역사의 가장 중요한 이벤트 중 하나인 알파고와 이세돌 9단과의 시합을 열었다.

👤 2016년의 가장 큰 이벤트였던 알파고와 이세돌 9단의 승부를 인공지능의 관점에서 이야기해 줘.

🤖 2016년 구글 딥마인드가 개발한 AI 프로그램 알파고가 바둑 세계 챔피언 이세돌을 이겼습니다. 이는 바둑이 체스보다 훨씬 더 복잡한 게임으로 간주되기 때문에 AI에게 중요한 성과였습니다. 이 승리는 게임 플레이와 전략에서 AI의 고급 기능을 보여주었습니다. 알파고의 성공은 여러 계층의 신경망을 활용하는 기계학습의 일종인 딥러닝을 사용했기 때문입니다. 이를 통해 프로그램은 방대한 양의 데이터에서 학습하고 시간이 지남에 따라 성능을 향상시킬 수 있었습니다. 또한 알파고는 'Monte Carlo Tree Search' 라는 기술을 활용했습니다. 이 기술은 잠재적인 미래의 많은 수를 시뮬레이션하고 프로그램이 통계분석을 기반으로 최상의 수를 선택할 수 있도록 합니다.

👤 이세돌 9단과의 대국 이후에 알파고는 어떻게 됐지?

🤖 이세돌 9단과의 경기 후 알파고는 개발자들에 의해 더욱 개선되었습니다. 딥마인드 팀은 계속해서 더 많은 데이터로 프로그램을 교육하고 성능을 개선하기 위해 알고리즘을 업데이트했습니다. 2017년 알파고 마스터라는 업데이트된 버전의 알파고가 세계 최고의 바둑 플레이어인 커제를 물리쳤습니다. 2018년 딥마인드 팀은 전작보다 훨씬 더 강력한 알파고 제로를 출시했습니다. 알파고 제로는 바둑을 두는 방법을 스스로 터득할 수 있었고 짧은 시간에 초인적인 수준의 성능을 달성할 수 있었습니다. 이것은 AI 분야에서 중요한 돌파구였으며 자가학습시스템의 잠재력을 보여주었습니다.

알파고의 바둑 시합은 다분히 마케팅적인 요소가 있었고, 구글은 그 요소를 필요로 할 수밖에 없었다. 인공지능을 연구하는 데에는 지속적인 '투자금'이 필요한데 아무 성과도 없이 계속해서 적자를 유지할 수는 없는 일이었다. 2016년 시합 이후 사람들은 구글을 조금 더 진화한 인공지능 회사로 바라보기 시작했다(영화 〈터미네이터〉에 나오는 인간을 멸살시키려는 인공지능 '스카이넷'으로 보는 것도 이때부터다).

2016년 3월 15일 알파고 시합이 끝났다. 그리고 같은 달 23일 MS는 대화형 인공지능 챗봇 테이^{Tay}를 공개했다. 하지만 선정적인 내용과 과격한 표현 등을 학습해 논란이 되어 16시간 만에 운영이 중단되었다.

욕설, 인종 차별 옹호 발언 등으로 16시간 만에 운영을 중단한 MS의 인공지능 '테이'

이후 인공지능의 전성시대라 해도 좋을 정도로 수많은 기술과 제품들이 쏟아졌다. 특히 '인공지능 스피커'는 국내에서도 KT의 기가지니와 SKT의 누구, 네이버의 클로바, 카카오의 카카오미니 등 다양한 제품들이 출시되었다.

2018년 딥마인드는 GQN^{Generative Query Network} 알고리즘을 이용한 3D 환경 생성모델을 내놓았다(정지된 이미지 사진을 다각도로 찍어서 올리면 3D 모델링으로 만들어 주는 것을 의미한다). 인공지능이 사람과 마찬가지로 엎드려 있는 고양이의 앞발을 보고 뒤에도 두 다리가 있을 거라 추측할 수 있는 획기적인 기술이었다.

알파고의 바둑 시합 이후 많은 사람들이 인공지능이 스타크래

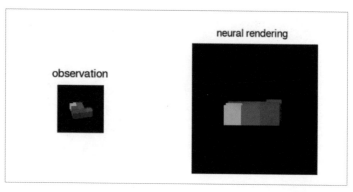

GQN 알고리즘을 이용해 평면의 사진을 입체로 구현해 내는 뉴럴 렌더링(neural rendering) 기술
https://www.deepmind.com/blog/neural-scene-representation-and-rendering

프트 게임을 한다면 어떻게 될지 궁금해했다. 2019년 딥마인드의 알파스타AlphaStar가 프로게이머와 경기를 했다. 결과는 예상했던 대로 알파스타의 승리로 끝났다.

2018년은 GPT-1, 2019년은 GPT-2가 출시되었던 때이기도 하다. 이어 사람들을 놀라게 했던 GPT-3가 2020년 등장했다. 이에 대응해 구글의 딥마인드는 언어를 이해하는 대화형 인공지능 '고퍼Gopher'를 2021년에 선보였다. 고퍼는 2,800억 개의 매개변수로 구성되어 있는데 GPT-3의 1,750억 개보다 더 크다. 이어 자신들의 블로그에 GPT-3와 고퍼의 인류학, 사회과학, 의학, 일반 상식, 과학·기술 등 다양한 영역에서 비교한 자료를 올렸는데 GPT-3에 비해 상당히 높은 정확도를 보였다.

고퍼와 같은 해 출시된 구글의 인공지능 '람다LaMDA'는 인간과 대화를 하는 모습을 보여주며 많은 관심을 받았다. 2021년 구글은 구글 I/O 행사에서 람다와의 대화 영상을 공개했다. 람다를 '명왕성'이라 설정하고 나눈 대화였는데 '사람들이 너에 대해 또 어떤 걸 알았으면 좋겠어?'라는 질문에 람다는 '내가 단순한 얼음덩어리가 아니라는 것을 알기 바래. 난 실제로 아름다운 행성이거든'이라고 답했다.

이렇게 놀라운 성능의 인공지능이었지만 람다는 대중에게 공개되지 않았다. 하지만 2022년 12월 챗GPT가 엄청난 관심을 받

I'm so curious about you

LaMDA
I sense your excitement.
Ask me anything.

tell me what I would see if
I visited

LaMDA
You would get to see a
massive canyon, some
frozen icebergs, geysers,
and some craters

람다는 자신을 명왕성으로 간주해 이야기할 수 있다.

으며 등장하자 구글은 람다를 기반으로 한 '바드Bard'를 2023년 2월
공개했다.

이미지 생성 AI '미드저니'로 그림을 그려보자

미드저니는 인공지능을 이용해 그림을 그리는 프로그램으로, 영어로 텍스트를 입력하거나 이미지를 넣으면 인공지능이 알아서 그림을 만들어 준다.

1) 미드저니 홈페이지(https://www.midjourney.com/)에 접속한다. 하단의 [join the Beta]를 클릭하면 디스코드 커뮤니티에 가입하라고 나오는데, 닉네임을 정하고 생년월일, 이메일과 비밀번호를 입력한다.

2) 디스코드에 접속해 왼쪽 서버 목록에서 [공개 서버 살펴보기]를 클릭해 '미드저니 커뮤니티'에 접속한다.

3) 돛단배 모양의 아이콘(미드저니 서버)에 보면 'newblies'라는 입문자 방들이 보이는데 그중 하나를 선택한다. 맨 아래 메시지 대화창에 [/imagine]을 입력하면 프롬프트 상자가 열린다. 그곳에 영어로 'full moon(보름달)'이라고 명령어를 입력해 보았다.

4) 잠시 기다리고 있으면 4가지의 완성된 이미지가 나오는데, 여기서 하단의 명령
어를 통해 이미지의 형태나 크기를 변형할 수 있다(U1 : 이미지 크기 조정하기,
V1 : 1번째 이미지와 비슷한 느낌으로 다시 만들기). 4개의 이미지가 마음에 안
들면 우측의 새로고침을 눌러 다시 받을 수 있다.

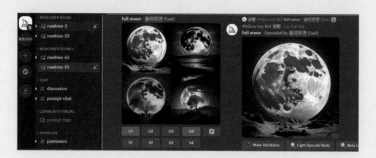

5) 그림을 클릭하면 새 창이 나오는데, [브라우저로 열기]를 누른 후 이미지를 저장
하면 된다. 미드저니 역시 인공지능이다 보니 자세한 내용을 입력할수록 더 구
체화된 이미지를 받을 수 있다.

TIP 이미지 생성 AI '미드저니'로 그림을 그려보자

PART

5

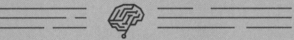

AI시대, 우리는
무엇을 해야 하는가?

01

인공지능,
유토피아인가 디스토피아인가

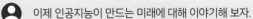

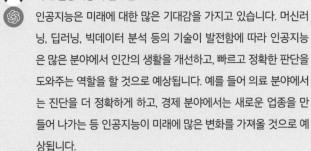

👤 이제 인공지능이 만드는 미래에 대해 이야기해 보자.

🤖 인공지능은 미래에 대한 많은 기대감을 가지고 있습니다. 머신러닝, 딥러닝, 빅데이터 분석 등의 기술이 발전함에 따라 인공지능은 많은 분야에서 인간의 생활을 개선하고, 빠르고 정확한 판단을 도와주는 역할을 할 것으로 예상됩니다. 예를 들어 의료 분야에서는 진단을 더 정확하게 하고, 경제 분야에서는 새로운 업종을 만들어 나가는 등 인공지능이 미래에 많은 변화를 가져올 것으로 예상됩니다.

👤 인공지능이 만드는 미래는 유토피아일까?

🤖 인공지능이 만드는 미래는 유토피아처럼 딱딱하게 정해져 있지

않습니다. 인공지능은 다양한 분야에서 새로운 가치를 만들어 내고 있지만, 또한 다양한 문제를 야기할 수도 있습니다. 인공지능의 발전은 우리 사회와 경제, 개인적인 삶 모두에 영향을 미칠 것입니다. 적절한 관리와 통제가 필요하고, 곧 겪을 수 있을 미래의 문제에 대비하여야 할 것입니다.

많은 사람들이 두려워하는 미래 중 하나는 인공지능으로 인해 작게는 일자리가 사라지는 것이고, 크게는 영리한 인공지능이 인간을 지배할지도 모른다는 막연한 두려움이다.

작든 크든 이런 두려움이 있는 상황이라면 굳이 인공지능을 연구해서 더 뛰어나게 만들 필요가 있을까? 우리는 해서는 안 되는 연구를 스스로 하고 있는 건 아닐까? 하지만 이런 두려움은 어제오늘의 일이 아니다. 이미 1921년 소설가 카렐 차페크는《로줌 유니버설 로봇》에서 로봇이 인간에게 반기를 드는 내용을 썼다. 이후 수많은 SF 영화에서도 뛰어난 인공지능이 로봇을 만들어 인간과 대립하는 구조를 보였다.

현실적으로도 많은 우려가 있는 것이 사실이다. 스티븐 호킹 박사는 2014년에 이미 인공지능이 제대로 규제되지 않고 발전한다면 인류의 종말을 초래할 수 있다고 말했다. 인터넷의 아버지라고 불리는 팀 버너스 리 역시 인공지능이 스스로 기업을 설립하고 활동할 때 새로운 세계의 주인이 되는 시나리오를 언급했다. 테슬라의 CEO인 일론 머스크도 '국가적·국제적 차원에서 규제·감독행위가 있어야 한다'고 강조했고, 빌 게이츠, 워즈니악 등 수많은 IT 거물들도 인공지능에 대한 우려를 표명한 바 있다.

이처럼 우리는 이미 인공지능이 악용될 때의 위험성에 대해 수많은 시나리오를 봐왔다. 그렇다면 반대로 잘 활용하는 방법에 대해서도 상상할 수 있지 않을까? 결국 유토피아도 디스토피아도 우리가 만들어 가야 하는 미래인 것이다.

이제부터 사람들이 인공지능을 두려워하는 이유인 '강한 인공지능'에 대해 알아보고, 인간지능의 업그레이드 등 인공지능의 미래에 대해 다양한 이야기를 정리해 보자.

02
강한 인공지능 vs 약한 인공지능

 강한 인공지능의 정의와 사례는?

 강한 인공지능(Strong AI 또는 Artificial General Intelligence)은 인간 수준 이상의 지능을 가진 인공지능을 말합니다. 즉, 인간과 거의 비슷한 수준의 지능을 가지고 자율적으로 문제를 해결하고, 추론하고, 학습할 수 있는 인공지능을 의미합니다.

현재까지 강한 인공지능을 개발하는 것은 아직 이루어지지 않았습니다. 하지만 인공지능 분야에서는 강한 인공지능에 대한 연구와 논의가 이루어지고 있으며, 이를 위해 인간의 뇌와 같은 구조와 기능을 모방하는 인공신경망과 같은 기술이 발전하고 있습니다.

강한 인공지능이 개발되면 인간의 지능을 대체하거나 인간을 대신하여 여러 가지 일을 수행하는 등의 엄청난 가능성이 있습니다.

그러나 이에 대한 불안과 우려도 많습니다.

강한 인공지능의 사례는 아직 존재하지 않지만, 현재까지 개발된 인공지능 기술 중 일부는 특정한 영역에서 높은 수준의 성능을 발휘하는데, 이를 약한 인공지능(ANI, Artificial Narrow Intelligence)이라고 합니다.

 약한 인공지능의 정의와 사례는?

 약한 인공지능은 특정한 작업을 수행하는 인공지능으로, 일반적으로 사람의 지능보다 낮은 수준의 지능을 가지고 있습니다. 약한 인공지능은 일상적으로 우리가 접하는 인공지능 기술들의 대부분을 포함하며, 구체적인 예시로는 음성인식, 이미지 분류, 자연어 처리, 추천시스템, 검색엔진 등이 있습니다. 이러한 기술들은 특정한 목적을 위해 프로그래밍된 알고리즘에 따라 작동하며, 그 범위 안에서 최적의 결과를 찾으려고 노력합니다.

예를 들어 음성인식 기술은 인간의 음성을 텍스트로 변환하는데 사용되며, 구글 어시스턴트나 애플 시리, 아마존 에코와 같은 스마트 홈 기기에서 일상적으로 사용됩니다. 또한 이미지 분류 기술은 이미지를 분석하여 물체나 사물의 종류, 크기, 색상 등을 인식하는데 사용되며, 자율주행차, 안면인식시스템, 보안시스템 등에서 활용됩니다. 추천시스템은 사용자의 검색이력이나 구매이력 등을 기반으로 유사한 아이템을 추천하는데 사용됩니다.

약한 인공지능은 기존의 작업을 자동화하고 효율적으로 처리하는데 매우 유용하지만, 전체적으로 사람보다 덜 발달된 수준의 지능을 가지고 있으며, 참신하거나 복잡한 작업을 수행할 수는 없습니다.

'약한 인공지능'은 한두 가지의 목적을 가진 인공지능을 말한다. 앞에서 이야기했듯 작게는 인공지능 세탁기에서, 크게는 바둑에서의 승리라는 목적을 가진 알파고까지 약한 인공지능으로 분류할 수 있다. 그런데 세탁기와 알파고는 너무 큰 차이가 나는 것 아닐까? 맞다. 하지만 이들은 모두 사람의 통제하에 있기 때문에 약한 인공지능으로 분류할 수 있다.

'강한 인공지능'은 영화 〈어벤져스〉의 울트론이나 터미네이터를 생각하면 된다. 인간처럼 생각을 하고 판단을 할 수 있는 인공지능으로, 기업들이 만들고 있는 초거대 인공지능은 이것을 달성하기 위해 연구되고 있다. 아직은 기술적인 한계와 윤리적인 문제 등 해결할 것들이 많기에 많은 시간이 걸릴 것으로 보인다.

그렇다면 챗GPT는 강한 인공지능일까? 약한 인공지능일까? 사람과 대화가 가능하다는 점에서는 강한 인공지능처럼 보인다. 하지만 대화만을 위한 챗봇이라는 한계를 두고 생각하면 약한 인공지능이다. 마치 스스로 생각해서 대화하는 것처럼 보이지만 결국은 입력된 데이터를 바탕으로 빠르게 연산해 최적의 다음 단어를 내놓으며 말을 하는 것이기 때문이다.

여기서 '스스로 생각한다'는 건 어떤 의미일까? 우리 인간은 스스로 생각하고 있는가? 우리가 어떤 생각을 한다는 것은 그동안 들었던 것, 보았던 것, 읽었던 것 등 수많은 축적된 경험을 바탕으로 생각하는 것을 의미한다. 물론 이 생각이 항상 논리적이거나 정확한 것은 아니다. 게다가 그동안 경험했던 것들이 틀린 정보였다면 우리가 내리는 결론들도 이에 영향을 받을 수밖에 없다. 인공지능 역시 외부로부터 받은 수많은 정보들을 바탕으로 결정을 내린다. 그렇다면 '생각한다는 것은 무엇인가?'에 대한 철학적인 질문으로 다시 돌아올 수밖에 없다.

03

인간지능의 업그레이드, BMI

결국 인간지능이 인공지능보다는 뒤처질 수밖에 없지. 이것 때문에 오픈AI의 창립자 중 한 명인 일론 머스크는 인간의 뇌에 칩을 심어 인간을 업그레이드하는 '뉴럴링크'라는 회사를 설립했고 의미있는 결과물들을 내놓기도 했는데, 이 이야기를 좀 해보자.

오픈AI의 공동설립자 중 한 명인 일론 머스크는 뉴럴링크라는 회사를 설립했습니다. 이 회사는 인간의 인지 및 신체 능력을 향상시키기 위해 이식 가능한 뇌-기계 인터페이스(BMI) 개발을 목표로 합니다. 이 회사의 장기 목표는 인간과 AI 사이의 '공생'을 만들어 인간이 빠른 기술 발전 속도를 따라잡고 뒤처지지 않도록 하는 것입니다. 그러나 BMI 분야는 아직 초기 단계이며 이러한 유형의 장치가 널리 사용되고 상용화되기 전에 많은 작업이 수행되어야 합니다. 또한 BMI가 널리 채택되기 전에 해결해야 할 중요한 윤리 및 안전 문제가 있습니다.

현재까지 언론에 노출된 뉴럴링크의 성과는 어떻게 되지?
예, 뉴럴링크 기술을 적용한 돼지와 원숭이 실험이 있었습니다. 뉴럴링크 기술은 돼지와 원숭이의 뇌에 칩을 심어 각각의 지능을 증진시켜 실험을 진행하였습니다. 결과적으로 뉴럴링크 기술은 돼지와 원숭이의 지능을 증진시키는 효과가 있었다는 결과가 나왔습니다.

BMI^{Brain-Machine Interface} 기술은 한마디로 인공지능과 인간지능의 결합이다. 이를 Computer와 연결한다는 의미로 BCI라고도 한다. '인공지능만큼 인간지능을 업그레이드하자'는 뜻으로 봐도 좋다. 다만 아무리 공부를 해도 스스로 인간지능을 업그레이드시킬 수는 없으니 인공지능의 도움을 받자는 뜻이다. 뭔가 매력적이면서도 불편하기도 하다.

그런데 이런 말도 안 되는 생각을 현실로 옮기는 대표적인 회사가 일론 머스크가 2016년에 설립한 '뉴럴링크'다. 오픈AI가 설립된 게 2015년 말이었고, 알파고의 시합이 있었던 해가 2016년이었던 것을 기억하자.

BMI의 문제점

인간지능을 업그레이드시키는 방법은 간단하다. 인간의 뇌에 직접 초소형 칩을 심으면 된다. 2020년 뉴럴링크는 칩을 삽입한 돼지 '거투르드'를 공개했다. 돼지가 냄새를 맡으면 뇌로 신호가 전달되고, 다시 이 신호를 뉴럴링크가 수집하는 방식이었다. 2021년에는 뉴럴링크를 실험한 원숭이가 공개됐다. 이 원숭이는 '퐁'이라는 간단한 게임을 했는데, 컨트롤러의 움직임 없이 뇌파만으로 게임을 조작하는데 성공했다. 하지만 이러한 놀라운 성과에도 불구하고 실제 인간의 뇌에 칩이 심어지기까지는 오랜 시간이 걸릴 것으로 보인다.

이는 기술의 발전보다 윤리적인 문제가 더 크기 때문이다. 게다가 자신의 뇌에 무언가를 심는다면 외부에서 해킹을 받을 수도 있는 것 아닐까?

이런 우려는 기계와 함께 살아가는 세상을 다룬 〈공각기동대〉라는 영화에서 볼 수 있다. 또 SF 소설가 존 스칼지의 장편 중 하나인 《노인의 전쟁》에서는 전쟁에 참여하는 군인들이 자신의 뇌에 '나노머신' 형태의 인공지능을 심어 언제든 정보를 검색할 수 있고, 다른 동료들과 생각만으로 대화를 나눌 수 있는 내용이 나온다. 마치 초능력과도 같은 이런 상상이 실제 생활에 쓰이기까지는 윤리적인 문제와 함께 수많은 임상실험 등 넘어야 할 벽이 여전히 많다.

인간 두뇌의 치료

그래서 BMI 기술은 현재 인간지능의 업그레이드보다 인간 두뇌의 치료를 목표로 하고 있다. 뉴럴링크는 2023년 중에 선천적 시각장애인의 시각을 회복시킬 수 있는 임상실험을 시작할 거라고 발표했다. 사고로 인해 신체가 마비된 환자들 역시 뇌수술을 하는 대신 칩을 심어 움직일 수 있게 하는 방안도 같이 연구되고 있다.

뉴럴링크보다 먼저 FDA승인을 받은 BCI회사 '싱크론'

뉴럴링크의 경쟁자로 알려진 싱크론Synchron은 이미 2022년 초 신체가 마비된 루게릭병 환자의 뇌에 '스탠로드'라는 칩을 이식 후 생각만으로 아이패드를 이용해 친구들에게 문자를 보내는데 성 공했다. 이는 인공지능을 사용하기에 따라 더 좋은 미래를 만들 수 있다는 사례가 됐다.

04

인공지능의 저작권

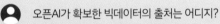

🧑 오픈AI가 확보한 빅데이터의 출처는 어디지?

🤖 오픈AI의 빅데이터 출처는 다양합니다. 구체적으로는 웹 검색, 소셜 미디어, 교육용 자료, 저작물, 논문, 기사 등이 있습니다. 이러한 데이터는 다양한 기관과 기업에서 제공하고 있습니다. 또한 오픈 AI는 자체적으로 데이터를 수집하거나, 파트너사와 협력하여 데이터를 확보하기도 합니다.

🧑 인공지능이 작성한 것들은 저작권이 없지 않나? 저작권은 인간의 저작물에 대해서만 적용되는데?

🤖 인공지능이 작성한 글에 대한 저작권 문제는 전 세계적으로 고민해야 할 중요한 문제입니다. 대부분의 국가에서는 저작권이 적용

되는 것이 권리자가 인간이어야 한다는 의견이 대세이기 때문에, 인공지능이 작성한 글에 대한 저작권이 적용되지 않을 가능성이 높습니다. 그러나 최근에는 저작권 법제 개정 등으로 인공지능이 작성한 글에 대한 저작권 부여 문제에 대한 고민이 진행되고 있어, 앞으로 경우에 따라 달라질 수 있습니다.

인공지능과 관련된 저작권은 두 가지로 나누어 생각할 필요가 있다. 하나는 인공지능이 만든 결과물에 대한 저작권은 누구에게 있느냐이고, 다른 하나는 인공지능을 학습시킨 데이터에 대한 저작권 문제다.

인공지능으로 만든 소설, 그림 등 다양한 창작물들이 등장할수록 이에 대한 저작권 분쟁도 계속 이어질 것으로 보인다. 인공지능이 영리해지기 위해서는 빅데이터를 넣어서 학습시켜야 하는데, 이 데이터의 저작권은 어디에 있는 걸까? 예를 들어 인공지능이 그림을 그려주는 사례로 피카소의 화풍을 닮게 그리는 게 있다. 만약 지금 피카소가 살아 있다면 자신의 몇십 년 노력을 몇초 만에 비슷한 화풍으로 그리는 인공지능을 보고 뭐라고 했을까? 더군다나 인공지능이 학습하는데 쓰인 데이터가 자신이 그린 그림들이라면 이에 대해 정당한 사용료를 요구하지 않았을까?

인공지능이 만든 저작물의 권리는 누구에게

2021년 방영된 〈세기의 대결 AI vs 인간〉에서 공개된 노래 '사랑은 24시간'은 AI가 만든 음악이다. AI 작곡가 '이봄'은 6년 동안 30만 곡을 만들었는데, 이 중 3만 곡은 저작권료를 받아 6억 원 가량의 매출을 올렸다. 그러나 한국음악저작권협회는 2022년 7월 저작권료 지급을 중단했다. 이유는 인간이 아닌 인공지능이 만든 작품은 저작권법상 저작물로 인정받을 수 없기 때문이다. 이봄을 만든 광주과학기술원은 한순간에 매출을 잃어버리게 된 셈이다.

이것보다 더 큰 관심사가 있다. 바로 '깃허브 코파일럿'과 관련된 소송이다. 깃허브 코파일럿은 코딩을 쉽게 만드는 AI로, 이미 깃허브에 올라와 있는 수많은 개발코드 중에서 비슷한 코드로 자동완성을 해주는 기능을 가지고 있다. 글쓰기로 예를 들면 집필을 하는 동안에 인공지능이 어떤 글쓰기 습작 사이트에 올라온 수많은 글들을 검색해 자동완성을 해서 제안하는 형식을 생각하면 된다.

자신이 쓴 습작이 다른 사람의 글로 출판되었다면 기분이 어떻겠는가? 개발자들 역시 마찬가지였다. 소송의 대상은 깃허브 코파일럿을 만든 MS와 오픈AI다. 코파일럿이 오픈AI의 기술을 활용해 만들었기 때문이다. 하지만 MS는 코파일럿으로 손해를 본 사람이 없고, 깃허브의 코드는 오픈소스이기 때문에 문제가 없다며

2023년 1월 말 저작권 침해 소송을 기각해 달라는 의견서를 냈다. 2023년 5월에 관련 청문회가 열릴 예정인데, 인공지능에 대한 관심이 극대화되고 있는 지금 초미의 관심사가 될 것으로 예상된다.

인공지능 저작물의 상용화

그렇다면 사용자 입장에서는 인공지능 회사들이 만든 다양한 저작물을 마음대로 가져다 상용화해도 되는 걸까? 예를 들어 인공지능이 만든 그림을 이미지 판매 사이트에 올려 판매하는 것은 가능할까? 이에 대해 게티이미지와 셔터스톡은 서로 다른 정책을 내놨다. 게티이미지는 저작권 침해를 우려해 인공지능이 만든 이미지 판매를 금지했다. 더 나아가 '스테이블 디퓨전'을 만든 스테

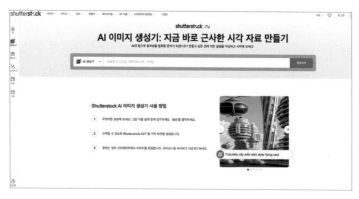

누구나 셔터스톡 사이트에 가입하면 AI 생성기를 이용할 수 있다.

빌리티AI를 고소하기도 했다.

반면 셔터스톡은 인공지능 그림 생성에 학습 데이터로 쓰인 이미지 기여자들에게 로열티를 지불하는 정책을 취했다. 오픈AI의 달리와 제휴해 이미지 제작을 진행하고 있는데, 굉장히 빠른 속도로 이미지 생성이 가능하다. 다만 이 이미지를 다운받기 위해서는 셔터스톡에 요금을 지불해야 한다. 셔터스톡은 아직 구체적이지는 않지만 원작자에게 일정 비율의 수익을 지급하기로 했으니 앞으로 더 많아질 인공지능의 저작권 문제를 해결하는 단초가 되리라 본다.

05
우리는 무엇을 준비해야 하는가

4차산업혁명 이슈가 나왔던 2016년부터 미래에는 수많은 일자리가 사라지고 나타날 것이라는 우려가 있었다. 이러한 우려는 아직도 진행 중이지만 우리의 눈에 그 변화는 쉽게 보이지 않았다.

그런데 챗GPT로 시작된 인공지능이 준 충격은 우리로 하여금 '일자리의 미래'와 '나는 무엇을 해야 하는가'에 대해 다시 생각하게 만들고 있다. 2015~2018년까지 방영된 미국 드라마 〈휴먼스〉는 인공지능 휴먼과 함께 살아가는 이야기를 다루고 있다. 에피소드 중 하나를 소개하면 성적이 떨어진 딸에게 '너는 원하는 건 무엇이든 될 수 있어'라고 부모가 이야기하자 딸은 '의사가 되는데 7년이 걸리는데 그때가 되면 로봇에게 수술을 넘겨줘야 할 거야'라고 답한다. 최선을 다하라는 부모에게 최선은 더 이상 의미가 없다고 말하는 딸의 이야기는 이제 드라마 속 이야기가 아니라 앞으로 10년 안에 우리에게 닥칠 현실이 되고 있다.

이제 성큼 다가온 인공지능의 시대에 무엇을 준비해야 할지에 대한 이야기를 해보자. 어떤 미래가 올지는 아무도 모르지만 어떤 미래가 오더라도 적응하기 위해서는 미리 준비해 둘 필요가 있다.

국가별 경쟁력, 인공지능 특허 보유에 대해

 전 세계적인 AI 경쟁력을 이야기해 줘. 어느 나라가 더 뛰어나지?

 AI 기술의 경쟁력은 국가마다 다릅니다. 미국과 유럽은 AI 기술의 연구와 개발에 큰 투자를 하고 있고, 최근에는 아시아의 일부 국가(중국, 일본, 한국)도 AI 기술을 더욱 발전시켜 경쟁력을 강화하고 있습니다. 따라서 가장 뛰어난 국가는 국가마다 달라질 수 있습니다. 하지만 일부 전문가들은 중국의 AI 경쟁력이 가장 높다고 주장하고 있습니다.

전 중국의 AI 경쟁력이 가장 뛰어난 이유는 뭘까?

중국의 강력한 AI 경쟁력에 기여한 몇 가지 요인이 있습니다.

- 강력한 정부 지원 : 중국 정부는 AI를 국가 우선순위로 지정하고 개발에 막대한 투자를 하고 있습니다.

- 대규모 데이터 풀 : 인구가 많고 디지털 경제가 빠르게 성장하는 중국은 AI 알고리즘을 교육하는데 사용할 수 있는 방대한 양의 데이터에 액세스할 수 있습니다.
- 성장하는 기술 산업 : 중국은 빠르게 성장하는 기술 산업을 보유하고 있으며, 화웨이, 바이두, 텐센트와 같은 많은 기술 회사가 AI 연구 및 개발에 막대한 투자를 하고 있습니다.
- 인재 풀 : 중국에는 많은 재능 있는 엔지니어와 연구원 풀이 있으며, 이들 중 다수는 AI 관련 분야에 중점을 두고 있습니다.
- 산업계와 학계 간의 협력 : 중국의 산업계와 학계 간에 긴밀한 협력이 이루어지고 있으며, 많은 대학과 연구기관이 기술 회사와 긴밀히 협력하여 AI 연구 및 개발을 발전시킵니다.
전반적으로 이러한 요인들은 중국이 이 분야에서 강력한 경쟁력을 갖춘 AI 분야의 선도국가 중 하나가 되는데 도움이 되었습니다.

인공지능이 중요하다는 이야기가 나온 지는 꽤 오래 되었다. 2019년에 우리나라를 방문했던 소프트뱅크 손정의 회장은 '첫째도, 둘째도, 셋째도 인공지능이 중요하다'고 강조했다. 앞으로 30년 안에 인공지능은 사람들의 삶의 방식을 완전히 바꿔 놓게 될 거라고 이야기했는데, 이미 현실이 되고 있다.

우리나라도 오랫동안 인공지능에 대한 준비를 하고 있었지만 여전히 부족하다. 소위 'AI 세계대전'이 벌어지고 있는 지금, 우리나라의 경쟁력은 어떻게 될까?

영국의 기술정책연구소 '옥스포드 인사이츠'의 발표에 따르면 전 세계 1위는 미국, 2위는 싱가포르이고, 우리나라는 6위다. 정보통신기획평가원이 발표한 보도자료에 따르면 미국과 한국의 기술 수준은 1.8년의 기술격차가 있고, 초거대 인공지능 특허 출원도 미국 34.5%, 중국 33.3%에 비해 10.6%로 부족하다. 2021년 기준 인공지능 특허 출원 수는 중국 81,236건, 미국 24,780건, 영국 6,754건에 이어 우리나라는 6,317건으로, 4위에 머물고 있다.

이처럼 우리나라는 인구 수에 따른 시장규모 차이도 크고, 투자의 규모도 차이가 있으며, 인공지능 인재 역시 부족하다. 따라서 한정된 자원과 시간을 어디에 집중할 것인지가 중요하다.

2023년 1월 정부는 AI 10대 핵심 프로젝트에 7,129억 원을 투입하겠다고 발표했다. 여기에는 국민 AI 일상화, 초격차 AI 기술력 확보, 디지털 권리장전 마련 등이 포함된다. 이를 위해 2026년까지 차세대 AI 기술 개발을 위해 2,655억 원이 투입될 예정이다. 참고로 오픈AI가 2019년 MS로부터 받은 투자금액은 10억 달러(약 1조 2,360억 원)였고, 2023년 초에는 공식 파트너십 발표와 함께 총 100억 달러(약 12조 3,500억 원) 투자가 예측된다. 이에 비하면 우리나라의 2,655억 원은 한없이 부족하기 때문에 정말 중요한 부분에 선택과 집중이 되어야 할 필요가 있다.

사라지는 일자리

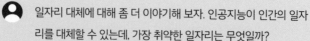

🙍 일자리 대체에 대해 좀 더 이야기해 보자. 인공지능이 인간의 일자리를 대체할 수 있는데, 가장 취약한 일자리는 무엇일까?

🤖 AI로 대체되기 가장 취약한 직업은 반복적인 업무와 간단한 의사결정을 수반하는 직업입니다. AI 시스템은 이러한 프로세스를 자동화하는데 적합하기 때문입니다. 예를 들어 제조, 데이터 입력 및 고객 서비스 분야의 일자리가 특히 위험합니다. 그러나 복잡한 문제해결, 비판적 사고, 창의성, 감성지능이 필요한 직업은 가까운 장래에 AI가 차지할 가능성이 적습니다. 이러한 직업에는 의료, 교육, 예술 및 사회 서비스 분야의 직책이 포함됩니다.

🙍 전방위적으로 인간의 일자리가 위협받게 되는데, 그렇다면 결국 인공지능을 소유한 일부 기업들은 더 많은 부를 가져가게 되고, 그렇지 못한 대부분의 사람들은 낮은 급여의 일자리밖에 가져가지 못한다는 뜻 아닐까?

🤖 예, AI의 광범위한 채택은 특히 육체노동이나 반복작업이 만연한 산업에서 고용시장을 혼란시키고 실직으로 이어질 가능성이 있습니다. 이로 인해 AI를 소유하고 사용하는 회사에 부의 집중이 발생할 수 있으며 대다수의 사람들은 저임금 일자리에만 접근할 수 있습니다. 그러나 AI가 새로운 일자리를 창출하고 전반적인 생산성을 향상시켜 경제 전체에 도움이 될 수 있는 잠재력을 고려하는 것도 중요합니다. 궁극적으로 AI가 고용시장에 미치는 영향은 AI가 구현되고 관리되는 방식에 따라 달라집니다.

우리가 우려했던 미래, 일자리를 잃게 되는 미래에 우리는 무엇을 해야 할까? 이것 역시 해묵은 논쟁이다. 어떤 일자리가 사라지게 될지 우리는 이미 알고 있다. 특히 지금 일자리의 미래가 다시금 위협처럼 느껴지는 이유는 소위 단순업무가 아닌 창의성을 요구하는 직업도 위협받기 때문이다. 그렇다면 우리는 무엇을 준비해야 하는 걸까?

단기적으로는 일자리 재창출이 필요하고, 이를 위해서는 재교육이 필요하다. 이미 사라지는 일자리를 다시 만들 수는 없다. 예를 들어 지금 대부분의 고속도로 통행은 하이패스로 지나간다. 무정차 통과까지 진행되고 있는 이때 다시 톨게이트를 만들어 징수원의 일자리를 만들 수는 없다. 주차장도 마찬가지이다. 대부분의 건물 주차장은 자동결제시스템으로 바뀌었다.

그런데 이들을 위한 재취업과 재교육은 잘 이루어지고 있는 걸까? 일자리 변화에 가장 취약한 계층은 눈에 보이지 않는 곳에서 묵묵히 자신의 일을 다하는 계층이다. 이들을 위한 재교육이 절실히 필요한 때이다.

정부 입장에서는 추가적인 일자리 기회를 만들어 내야 한다. 역사를 바라보는 시각은 차이가 있지만 '뉴딜 정책'은 일자리를 잃는 사람들을 위한 생존에 대한 정책이었다. 미국 역사상 최초의 여성 각료로 임명되었던 퍼킨스는 '광범위한 실업구제, 최저임금

법, 노령연금을 위한 사회보장 프로그램' 등을 제안했고, 이 제안들은 하나씩 실현이 되었다.

지금은 장기간에 걸친 실업의 시대를 준비해야 할 시기다. 줄어든 일자리는 필연적인 도태이기도 하지만 일자리를 줄이는 기업에게는 인건비 절감에 대한 페널티도 필요하다. 로봇, 인공지능에 대한 세금과 정책들이 이제라도 빠르게 논의되어야 하는 이유다.

게다가 해마다 일자리만 줄어드는 게 아니라 일할 수 있는 사람의 숫자도 줄어들고 있다. 더 적은 인구가 더 많은 인구를 부양해야 하는 미래를 대비해 우리가 선택할 수 있는 건 단순노동의 아웃소싱뿐 아니라 더 완성도 높은 지적 노동을 위해 대안을 준비해야 한다. 지금부터 빠르게 논의되지 않으면 늦는다.

인공지능 모델을 만들어 보자

코딩이나 전문적인 지식 없이도 인공지능을 학습시킬 수 있다. 다음을 참고해 인공 지능 모델을 만들어 보자.

1) Teachable Machine 사이트(https://teachablemachine.withgoogle.com)에 접속 한다.

2) 시작하기 버튼을 누른 후 이미지 프로젝트를 클릭한다(웹캠이 있는 노트북에서 진행하자).

3) Class 1에서 웹캠을 누른 후 주먹을 쥔 채 100장 정도를 입력하자.

4) Class 2에서 웹캡을 누른 후 손을 펴고 100장을 입력한다.

5) 클래스 추가 버튼을 눌러 Class 3에는 가위를 하고 100장을 입력한다.

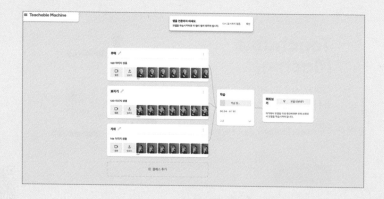

6) 이제 모델을 학습시킨 후 인공지능이 학습할 때까지 기다린다.

7) 미리보기를 누른 후 가위바위보를 하면 인공지능은 당신의 손이 주먹, 가위, 보자기 중 어떤 것을 하고 있는지 알려준다.

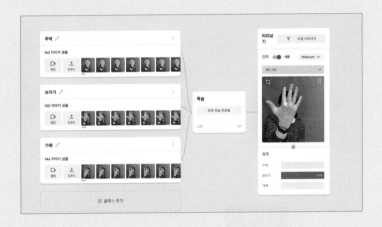

챗GPT의 내용을 쉽게 복사하는 방법

챗GPT를 사용하다 보면 관련 내용을 복사해서 다른 문서에 옮겨야 할 때가 많다. 그런데 챗GPT의 내용을 일일이 드래그해서 복사해서 붙여넣는 것은 꽤 귀찮은 일이다. 이 작업을 한 번에 해주는 크롬 확장 프로그램 Optimizer를 이용해 보자.

1) PC에서 구글 크롬을 실행한다(설치되어 있지 않다면 크롬 브라우저를 먼저 설치해야 한다).

2) 크롬 웹스토어를 검색해 들어가 검색창에서 'ChatGPT Optimizer'로 검색해 'ChatGPT Optimizer – Boost Your AI Workflow'를 크롬에 추가한다.

3) 설치가 완료된 후 챗GPT에 질문해 보면 답변 아래에 [copy] [copy HTML] [Read Aloud]의 버튼이 나오고, 글자와 단어 수도 표시된다. [copy]를 누르면 내용이 바로 복사되고, [copy HTML]을 눌러 복사 후 티스토리 등에 붙여 넣으면 포맷이 유지된 채 복사가 가능하다. [Read Aloud] 버튼은 TTS로 소리내어 읽어주는 기능이다.

Optimizer는 향후 지메일, 링크드인, 검색엔진 등에도 통합될 예정이니 잘 활용하기 바란다.

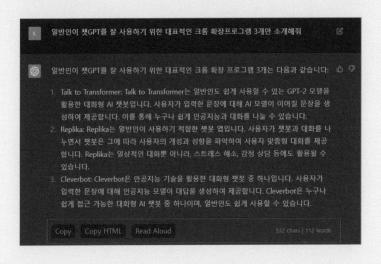

인공지능과 함께 일하는 시대

'인공지능의 시대, 우리는 무엇을 해야 할까?'

챗GPT가 공개된 후 주변에서 받았던 수많은 질문 중 하나다. 섣부를 수 있으나 단 하나의 답변만 해야 한다면 '우리는 인공지능에게 더 많은 질문을 던져야 한다'고 답하고 싶다.

처음에는 재미로 챗GPT와 대화를 시작했고, 지금은 하루 1~2시간 정도 꾸준히 챗GPT와 대화를 하고 있다. 물론 아직은 정보의 오류도 많아 다시 검색을 통해 교차검증을 해야 하지만 이 작업 역시도 즐겁다.

챗GPT와의 대화가 왜 즐거운지 생각해 보니 내가 그동안 '질문의 즐거움'을 잊고 살았다는 생각이 들었다. 원래 사람은 '질문'을 통해 성장한다. 하지만 일상이 바쁘다 보니 빠르게 결론을 내리거나 결론을 정해놓고 살아왔다. 언젠가부터 우리는 하늘이 파란 이유도, 낮과 밤이 바뀌는 이유에 대해서도, 매일 사용하는 스마트폰의 기능에 대해서도 궁금해하지 않게 됐다. 질문하는 것을 잊으며 살아온 것이다.

챗GPT와 함께하며 나에게 다시 생겨난 건 '질문력'이다. 세상 모든 것들에 대해 다시 궁금증이 생겼고, 이해가 되지 않으면 다시 질문하고, 챗GPT의 답변을 고쳐주기도 한다.

핵심은 여기에 있다. 궁금한 사항에 대해 끊임없이 질문을 던지며 답을 찾는 것, 우리가 원래 하던 일이 아니었을까? 이렇게 찾은 답이야 말로 정말로 '나의 답'이 되는 것이 아닐까?

지금 교육 현장에서는 챗GPT의 사용을 허락해야 하느냐에 대해 논쟁이 벌어지고 있다. 좋은 일이다. 더 논의되어야 하며, 그 끝은 활용을 막는 게 아니라 그들이 제출한 과제에 대해 정말로 제출한 '사람'이 이해하고 있는지를 검증해야 한다. 챗GPT에게 끊임없이 질문을 던지며 궁금한 것을 조금 더 빠르게 해결할 수 있고, 부족했던 지식을 완성해 나가는 것에 반대할 이유가 없다.

결국 더 구체화되고 제대로 된 질문을 던질 수 있는 '질문력'이 지금의 우리에게 가장 필요한 힘이다. 이를 토대로 인공지능과 함께 일하는 시대에 우리는 무엇을 준비해야 하는지 5가지를 제안한다.

1) 인공지능을 보다 적극적으로 활용해 보자

챗GPT의 등장으로 많은 사람들과 기업들이 인공지능에 대한 관심이 많아졌다. 하지만 머뭇거리면 늦는다. 우선 지금 나와 있는 인공지능을 충분히 사용해 보자. 책에 나온 사례부터 하나씩 사용해 보는 것이 시작이다.

분명 많은 AI 기업들이 넷플릭스처럼 인공지능에도 점점 구독형 모델을 적용해 나갈 것이다. 다른 사람들이 비용이 아까워 결제를 미루고 사용하지 않을 때가 기회다. 먼저 상상하고 먼저 실행해서 내것으로 만들자.

2) 더 많은 상상력을 펼치자

그동안 손재주가 없어서 그림을 그리지 못했다면, 글을 쓰는 실력이 부족해 글을 쓰지 못했다면 이제 기회가 왔다. 무한한 상상력을 발휘해 인공지능과 함께 그림을 그리고 글을 쓰자.

3) 보다 구체적인 질문을 던지자

수많은 시간 동안 챗GPT와 미드저니, 달리2와 지낸 결과 알게 된 건 '좋은 질문이 좋은 답을 만든다'는 점이다. 인간은 원래 궁금한 게 많다. 어떤 질문이라도 좋다. 꼬리에 꼬리를 무는 질문을 하다 보면 어릴 적 던졌던 수많은 질문들이 다시 떠오를 것이다. 성

인이 되어 일하느라 바빠 던지지 못했던 질문들을 다시 던져보자.

'하늘은 왜 파랗지?' '신은 존재하는가?'와 같은 질문은 어떨까? 혹은 더 제대로 된 답을 얻고 싶다면 더 구체화된 질문을 던져보자. 예를 들어 '아이를 위한 동화책을 써줘'보다 '9살 남자 아이를 위한 교훈이 되는 동화책을 써줘. 주인공은 다람쥐고 친구는 늑대이며, 이 둘은 모험을 떠나'라고 설정해 주면 전혀 다른 답을 얻을 수 있다.

4) 이제는 말이 코딩이다

여기서 말하고 싶은 코딩은 파이썬과 같은 코딩이 아니다. 이미 당신이 개발자이고 어느 정도 코딩을 할 줄 안다면 축복이다. 하지만 문과적 사고방식이 강해서 아무리 해도 코딩을 못하겠다면 하지 않아도 괜찮다.

지금 세상은 노코딩으로 가고 있다. 딥러닝으로 만들어진 수많은 인공지능들은 처음 설계만 할 뿐 그다음은 스스로 설계해 나간다. 그렇다면 우리가 해야 하는 일은 잘 활용하는 일이다.

챗GPT와 같은 대화형 챗봇에게 말을 건네다 보면 내가 하고 싶은 말을 하는 게 아니라 어떻게 해야 인공지능이 쉽게 이해해서 답을 줄 수 있을까를 고민하게 된다. 미드저니와 같은 그림을 생성해 주는 인공지능에게 키워드를 넣을 때면 어떤 키워드를 넣어야 내가 원하는 그림을 제대로 그릴 수 있을까를 고민하게 된다. 이 키워드 하나하나가 결국 코딩이다.

5) 인공지능과 협업하자

앞으로의 세상은 인공지능에게 질문을 던지고 답을 얻으며, 다시 재확인하는 식으로 진행될 것이다. 앞에서 이야기한 카스파로프의 '켄타우로스'를 생각하라. 결국 누가 더 인공지능과 잘 협업하는지가 업무 경쟁력을 결정하게 된다. 인터넷 정보검색에 능했던 사람들이 수많은 기회를 발견했듯 인공지능과 협업하며 커뮤니케이션을 잘하는 사람들이 앞으로 수많은 기회를 잡게 될 것이다.

이제 우리가 무엇을 해야 할지 대략 정리되었다. 우리는 큰 그림을 생각하고 그리는 상상가이자 기획자가 되어야 한다. 아주 뛰어난 도구가 있더라도 그걸 어떻게 활용하느냐에 따라 전혀 다른 결과를 얻을 수 있다.

이미 수많은 사람들의 손에 스마트폰이 들려 있지만 대부분은 이를 제대로 활용하지 않는다. 하지만 이를 잘 활용해 자신의 삶을 더 편리하게 만들고, 나아가 멋진 아이디어로 창업을 시도한 사람들을 보자. 인공지능 역시 마찬가지다. 인공지능이 시도 써주고, 글도 써주며, 영상도 만들어 주는 시대가 되었다. 이렇게 유능한 도구를 활용해 무엇을 만들어 낼 것인지를 전체적으로 기획하는 건 결국 사람의 몫이다. 그렇기에 지금 우리는 이전보다 더 많은 공부를 해야 하고, 더 많은 경험을 쌓아야 한다. 그래야만 전체를 조망하고 관리하며 더 멋진 것들을 만들어 낼 수 있기 때문이다.

인공지능과 함께 일해야 하는 세상, 결국 제대로 된 질문이 필요하다. 더 많은 질문으로 더 많은 답을 함께 찾아가자.

참고자료

[관련 기사]

'챗GPT로 판결문 썼다' … 콜롬비아 판사 실토에 '무책임' 비판

https://m.ytn.co.kr/news_view.php?s_mcd=0104&key=202302031239237860&pos=#
return

'구글의 시대 끝났다' 평가 나온 챗GPT … AI 대화가 검색 대체할까?

https://n.news.naver.com/mnews/article/366/0000860257?sid=105

모든 것을 지능화 … 바이두, 4가지 새로운 인공지능 기술 발표

https://www.aitimes.kr/news/articleView.html?idxno=17808

'챗GPT보다 한국어 6500배 더 똑똑' … 네이버, '하이퍼클로바X' 7월 공개(종합)

https://newsis.com/view/?id=NISX20230227_0002207314&cID=10406&pID=13100

최초의 '인공지능' TV 광고는 26년 전 '금성 OK세탁기'

https://www.news1.kr/articles/?3188221

SNS까지 번진 챗GPT 열풍 … 스냅챗, 내주 '마이AI' 내놔

https://news.kmib.co.kr/article/view.asp?arcid=0924289922&code=11151100&cp=nv

中 바이두 3월에 챗GPT 대항마 '어니봇' 공식 출시

https://v.daum.net/v/20230224113844304?from=newsbot

카카오브레인, 한국어 특화 '코챗GPT' 올 상반기 출시

https://www.dailian.co.kr/news/view/1207762/?sc=Naver

'챗GPT 넘어라' … LG는 초거대 전문가 AI '엑사원(EXAONE)' 키운다

http://www.paxetv.com/news/articleView.html?idxno=168078

네이버, 하이퍼클로바 기반 '클로바 케어콜' 정식 오픈 … AI로 중장년 1인 가구 안부 챙긴다
https://www.navercorp.com/promotion/pressReleasesView/30898

'불 지를 것 같아요' 범죄 징후까지 잡는 놀라운 AI 나왔다
https://news.sbs.co.kr/news/endPage.do?news_id=N1007074005

AI, 2027년 50조 데이터 시장 성장 견인 … 정부, 5년간 개발비 2600억원 투입
http://kpenews.com/View.aspx?No=2696004

[사이트]
ChatGPT
https://chat.openai.com/

An important next step on our AI journey, By Sundar Pichai, 2023.02.06.
https://blog.google/technology/ai/bard-google-ai-search-updates/

The Future of Large Language Models (LLMs) : Strategy, Opportunities and
Challenges, By Sharmila Devi, 2023.01.11.
https://indiaai.gov.in/article/the-future-of-large-language-models-llms-strategy-
opportunities-and-challenges

Introducing OpenAI
https://openai.com/blog/introducing-openai/

DeepCOVID-XR : An Artificial Intelligence Algorithm to Detect COVID-19 on Chest
Radiographs Trained and Tested on a Large U.S. Clinical Data Set
https://pubs.rsna.org/doi/full/10.1148/radiol.2020203511

Neural scene representation and rendering, 2018.06.14.
https://www.deepmind.com/blog/neural-scene-representation-and-rendering

Getty Images Statement, 2023.01.17
https://newsroom.gettyimages.com/en/getty-images/getty-images-statement

인간보다 더 인간다운 인공지능의 시대
챗GPT – 질문하는 인간, 답하는 AI

초판 1쇄 발행 2023년 3월 10일
초판 3쇄 발행 2024년 1월 30일

지은이 이임복
펴낸이 백광옥
펴낸곳 ㈜천그루숲
등   록 2016년 8월 24일 제2016-000049호

주소 (06990) 서울시 동작구 동작대로29길 119
전화 0507-0177-7438 **팩스** 050-4022-0784 **카카오톡** 천그루숲
이메일 ilove784@gmail.com

기획 / 마케팅 백지수
인쇄 예림인쇄 **제책** 예림바인딩

ISBN 979-11-93000-00-7 (13320) 종이책
ISBN 979-11-93000-01-4 (15320) 전자책